ポストフクシマの政治学

新しい実践の政治学をめざして

畑山 敏夫
平井 一臣 編著

法律文化社

まえがき

東日本大震災と福島での原子力災害の発生は、戦後の政治について考える契機になった。震災復興の過程で復興予算が不適切に消化されたり、復興事業に住民の意見や意思が反映されなかったりと、日本の旧い政治体質が露呈している。そして、原発事故は、現代日本の豊かな暮らしが原発という、危険ではあるが、大量に電気を供給できる「文明の利器」によって成り立ってきたことを私たちに気づかせた。このような危険な原発が「原子力ムラ」と呼ばれている利益共同体によって、巧妙かつ強硬に推進されてきたことも明らかになっている。まさしく、原発の前で民主主義は立ち尽くす、といった状態を私たちはこれまで放置してきたのだ。

他方で、今回の大震災と原発事故は、日本の社会と政治を変える大きな可能性も垣間見せている。毎週金曜日には首相官邸前で多くの人々が集まり、政府の原子力政策に異を唱え続けている。また、世論調査でも原発の維持・推進に疑問をもつ声が、国民のなかで多数を占めている。大都市での華やかで高度な消費生活に憧れることもなく、地元での慎ましい生活や親密な人間関係を大切にする新しい世代も育ちつつある。バブル時代までの日本社会の価値観とライフスタイルは、確実に変わりつつある。

政治の場に目を転じると、景気回復と経済成長を掲げる「アベノミクス」がもてはやされ、公共事業の大盤振舞いという二〇世紀型の政策が大手を振ってまかり通っている。そして、経済的課題を優先することで隠していた安倍首相のもう一つの顔、国家主義的な側面も見え始めている。特定秘密保護法の制定や国家安全保障会議の設置を強行し、解釈改憲による集団的自衛権の行使も射程に入れている。アメリカとの軍事的一体化を重視し、靖国神社や領土、教育といった分野での安倍政権の国家主義的な姿勢をみていると、その点でも二〇世紀型の旧い政治は強い生命力を保っている。

三・一一が生み出した新しい経済社会への希求と旧い二〇世紀型の保守政治への回帰を、私たちは目のあたりにしている。旧い経済社会モデルは行き詰まり、それに立脚する旧い政治も賞味期限切れを迎えている。しかし、日本の政党システムには新しい経済社会モデルを提示し、それを築く政治主体は本格的に登場していない。つまり、現在は旧い政治と新しい政治の端境期であり、相克の時代を私たちは生きているのである。

そのような時代だからこそ、私たち市民が考え、話し合い、行動することの重要性が高まっている。そのためには、情報と知識、経済社会と政治を理解して分析するリテラシーが大切である。普通の市民が知り、考え、実践へと至ること、生き、暮らし、働き、楽しみながら社会を変えることの重要性を私たちは痛感している。社会運動をテーマにした著書のなかで小熊英二氏は次のように述べている。

動くこと、活動すること、他人とともに「社会を作る」ことは、楽しいことです。すてきな社会や、すてきな家族や、すてきな政治は待っていても、とりかえても、現れません。自分で作るしかないのです。（小熊英二『社会を変えるには』講談社、二〇一二年、五〇二頁）

そう、そのとおり。有権者であり市民でもある私たち一人ひとりが日常生活のなかで知り、考え、政治に関与することによってしか、社会を変えることはできない。そのような問題意識から、私たちは新しい実践の政治学を書くことにした。ポスト・フクシマの時代の新しい政治について考え始めるために。

二〇一四年二月

編著者　畑山敏夫

◉目　次

4 「デモをする社会」のデモクラシー――87

■「新しい新しい社会運動」の時代か？

■執筆者紹介（執筆順、①所属（専門分野）、②ひと言）

畑山敏夫（はたやま　としお）　編著者　まえがき・1章・7章
①佐賀大学経済学部（政治学）
②「アクティヴィスト」になりたいと思い続けています。言葉の響きが好きで、憧れてもいます。定年後では、体力が続くかわからないので、今のうちから、と知り合いからアドバイスを受けました。「アクティヴィスト」になりたい！

本田　宏（ほんだ　ひろし）　2章
①北海学園大学法学部政治学科（政治過程論）
②労組や自治体、大学、メディア、裁判所までも中央政府や巨大企業に従属する国で、野党が育つ基盤をどこに求めればよいのか。国政に展望が見えてこない今、個々人の勇気と連帯が問われていると思う。

金丸裕志（かなまる　ゆうじ）　3章
①和洋女子大学人文学群所属（比較政治学）
②「ポスト・フクシマ」の政治と社会の構想。それは、今を生きこれからを生きる私たちと若い世代にとっての大きな課題です。そこには困難もありますが、希望もあると思います。

土肥勲嗣（どい　くんじ）　4章
①九州大学大学院法学研究院（政治学）
②福島第一原発事故後の脱原発デモに参加した。歩道に比べて車道はこんなにも広いのかと驚く。デモを見る周りの反応を観察するのも楽しい。一歩踏み出すだけで政治の見方は変わってくるのかもしれない。

平井一臣（ひらい　かずおみ）　編著者　5章・あとがき
①鹿児島大学法文学部（政治史、地域政治論）
②フクシマを忘れないだけでなく、フクシマから何を汲み取り、新たな市民社会につなげていけるのか。新たな社会への動きは始まっているのかもしれない。自分自身のアンテナを研ぎ澄まさねば。

辻　由希（つじ　ゆき）　6章
①京都大学大学院法学研究科（ジェンダーと政治）
②大学の講義でウィメンズ・リブの運動家、田中美津氏が70年代に書いた文章を紹介した。受講生から、挑発的な言葉に面くらったが彼女の告発には現代にも通ずる部分があるという感想を受け取った。

丸山　仁（まるやま　ひとし）　8章
①岩手大学（グリーン・ポリティクスとスロー・ポリティクス）
②イーハトーブの地で、地酒と地ビールに囲まれながら、「スローである」ことの意義と可能性にゆっくりと思いを巡らせています。

1 ポスト・フクシマの日本政治
■保守政治と新しい政治の相克のなかで

はじめに

一九六〇年代末から七〇年代にかけて日本の多くの大学で学生運動が高揚し、校舎は学生たちによって封鎖・占拠され、授業は休講に追い込まれた。一九六〇年の安保闘争の敗北によって下火になっていた学生運動が、六〇年代の後半に急激に燃え盛っていった。なぜ、突然に学生たちは怒り、異議申し立てに立ち上がり始めたのだろうか。[*1]

「六〇年安保」の時代に比べれば、当時の日本は確実に豊かになりつつあった。キャンパスに行き交う学生たちの服装も、男子は黒ズボンに白シャツといった古典的な恰好からジーンズに長髪、カラフルなセーターやTシャツに変わっていった。貧しさは日常生活のなかに残っていたが、青年たちはフォークやロックの音楽に熱狂し、映画や雑誌、旅行などの娯楽を楽しんでいた。確実に社会は「豊か」

＊1　当時の日本の大学に吹き荒れた「大学闘争」（「高校闘争」「市民運動」も含めて）について膨大な資料を駆使して書かれた、小熊英二『1968』（上・下）（新曜社、二〇〇九年）は、当時の大学の雰囲気や学生たちの闘争について知るには恰好の文献である。百科事典のような厚さの上下二巻からなる同書を通読するには時間も体力も必要であるが、そのようなコストをかけるに値する本なので、ぜひとも挑戦していただきたい。

になりつつあったときに、何ゆえに、何を目的に学生（あるいは青年労働者）たちは闘争に立ち上がったのか。日本だけでなく多くの先進社会で同時多発的に起こった学生と労働者の「反乱」については、これまで多くの分析や解釈が提示されてきた。*2

学生や青年労働者たちが生きていたのは戦後の貧しい日本ではなく、豊かになりつつある社会であった。経済成長と物質生活の向上を追い求め、企業が社会の中心になるなかで、そのような流れに学生たちは猛然と異議を申し立てた。だが、その闘いは現実の社会と政治を大きく変えることなく、日本社会は経済成長の夢を追い続けた。

国民が経済成長の夢を託したのは、保守合同によって誕生した自由民主党（自民党）であった。一九五五年に成立した「五五年体制」のもとで自民党は、国民の「豊かさ」への夢を糧に長期政権を築くことに成功した（＝自民党一党優位体制の確立）。現在に至るまで、一九九三年に起きるつかの間の政権交代や、二〇〇八年に成立する民主党政権の時期を除いて、自民党は単独で、あるいは他党と連合して政権を握り続けた。その意味で、現在の社会と政治の形は基本的に自民党が築いてきたものである。本章では、自民党という保守政党を中心に一九五五年以降の日本政治についてみておこう。

＊2　現在の時代について考えるためにも、一九六〇〜七〇年代の学生や青年たちの運動を振り返ってみることは有益である。安藤丈将は、「日常性」の自己変革に当時の運動の新しさやユニークさと同時に運動の限界をみている（安藤丈将『ニューレフト運動と市民社会』世界思想社、二〇一三年）。

一　経済成長時代の政治――「利益誘導政治」と「生活保守主義」

◉経済成長時代の日本政治――利益の誘導と配分をめぐる政治

一九六〇年代に入ると、日本経済はＧＮＰで年平均一〇％を超える成長率を記録する。戦争によって生活と生産の基盤が破壊され貧しい暮らしを強いられてきた国民は、何よりも生活の向上を熱望していた。そのような国民の希求に応えて、六〇年の安保闘争が収束すると、岸信介内閣を継いだ池田勇人首相は「所得倍増論」を打ち出し、国民の関心を経済発展へと向かわせた。一九六〇〜七〇年代にかけて「三種の神器（白黒テレビ、洗濯機、冷蔵庫）」から「三Ｃ（カラーテレビ、クーラー、カー）」へと耐久消費財が大量に普及し、日本社会は大衆消費社会に突入していった。

一九六〇年代までは、冷戦の時代のなかで社会主義か資本主義かといった体制選択の問題を背景に、日米安全保障条約の締結や憲法改正、再軍備などをめぐって保守と革新の政党は激しく対立していた。政治の場でイデオロギーと理念が争われたが（「政治の季節」）、六〇年代に入ると急速に「経済の季節」に移っていった。

東京オリンピック（一九六四年）から大阪万博（一九七〇年）を経て、日本経済は急速に成長を遂げていった。政治の主要な役割は国民の生活向上にあり、経済成長の果実を再配分することが重要な課題となった。もちろん、日本ほどではないが欧米諸国も経済成長を経験し、その果実は政治によって再配分された。ヨーロッパでは成長の果実は福祉へと優先的に予算配分されたのに対して（「福祉国家」）、日本の場合は各種の補助金や公共事業を通じて業界や自治体に配分された（「公共事業依存型国家」もしくは「土建国家」）。

このような日本型再分配は、自民党の長期政権化を可能にし、「政権交代なき民主主義」を常態化する要因になった。日本型再分配の政治は、イデオロギーや理念の政治を後景へと追いやり、政治の役割を利益配分へと限定した。利益配分の仲介者の役割を果たすことで、政権党である自民党は政治的資源（選挙での票や政治献金）をめぐる競争で優位に立った。

自民党議員は、経済成長が可能にした潤沢な政府資金をもとに、農林水産業の衰退や過疎化に悩む地方に各種補助金や公共事業を誘導することで政治力を高めていった。公共事業の予算を引っ張ってくることで、地元のために「貢献し」「役立つ」政治家として評価され、そのことが選挙での当選につながった。*3 中選挙区制のもとでは、自民党候補者同士がライバルであり、公共事業や補助金の獲得から有権者へのサービスまで利益誘導合戦は熾烈を極めた。小は結婚式や葬式への出席、就職や結婚の世話、各種イベント・旅行の実施をはじめとした日常的な利益誘導から、大は自治体や団体・企業への利益誘導まで、政治家はエネルギーと

＊3　公共事業の誘致は、第一次産業が衰退して経済が疲弊し、観光資源も欠いた地域にとって死活問題であった。その点で、原発の誘致はリスクはあるが地域の経済と雇用にとって魅力的な公共事業であった。しかし、原発マネーの流入は麻薬のように原発の増設に向かわせ、地域経済の自律的で内発的な発展を阻害してしまった。原発については第2章を参照。

時間の多くを割いてきた。

その典型的なケースが、中選挙区制のもとで新潟三区を基盤とする田中角栄が確立した政治手法であった。田中は地元からの陳情に応えて補助金を誘導することで「越山会」という個人後援会を拡大し、「田中王国」を築くことに成功した。田中は、尋常小学校高等科卒（現在の中学校卒）という学歴ながら首相に上り詰め「今太閤」と呼ばれたが、田中の立身出世を支えた有力な政治的資源は資金力であった。地元に配分された公共事業は、越山会によってコントロールされ、仕事にありついた業者たちが政治献金や選挙での応援を通じて田中の政治活動を支えた。田中は選挙区で自在に動かすことができる錬金と集票のマシーンを完成させたのである。*4

経済成長の時代を背景に、国民の物質的欲望に立脚する「旧い政治」（＝利益誘導政治）が支配することで、多くの弊害を伴いながらも比較的安定した政治の時代が続くことになった。

◉利益誘導政治の弊害――政治の活力低下

明治維新後の日本は、国家主導で「上からの近代化」に邁進し、「富国強兵」と「殖産興業」に国家の資源を集中的に投入してきた。その結果、国民生活を向上させる社会資本の整備は大きく遅れてきた。さらに、戦争によって壊滅的打撃

*4　保坂正康『田中角栄の昭和史』朝日新聞出版、二〇一〇年。同書のなかで保坂は田中政治の本質を、人間の幸福感を物量による尺度においていることだと指摘し、田中が一貫して戦後社会のもつ日本人の欲望を政策にすることであったと述べている（五頁）。「欲望の政治化」は物質主義的価値観に囚われ、生活の向上を優先する国民の心情に適合するものであった。正確にいえば、ポスト・フクシマの時代においても、「アベノミスク」への国民の高い支持にみられるように、それは侮りがたい魅力を発揮し続けている。

を受け、公共事業による社会資本の整備は国家の重点的な課題となった。一九五〇年代半ばに戦後復興が終わると、社会資本の整備は本格化していった。

道路や新幹線、空港、港湾などの整備は、日本の経済成長にとって不可欠であった。また、第一次産業が衰退しつつあった地方にとっても、公共事業は地方経済を支え雇用を確保する役割を果たした。確かに、ある時期まで公共事業の推進は日本の経済や社会にとってプラスに作用した。だが、やがて公共事業への大規模な予算の投入とそれを可能とした利益誘導政治は多くの弊害をもたらすことになった。

第一に、公共事業の大盤振舞いが国家と自治体の借金を急速に膨らませていったことである。

一九九〇年代にバブルが弾けた後に、地方からの要求もあって、政府は景気対策として大量の公共事業予算をばら撒いた。不況で税収が落ち込んだときに大々的に公共事業予算を注ぎ込んだ結果、国家・地方の借金は急速に膨らんでいった。二〇一四年現在で国家と自治体は合わせて一千兆円近くの債務を抱えており、財政問題は深刻なレベルに達している。

第二に、諫早湾の干拓事業が典型的な例であるが、利益誘導政治が全国各地で環境破壊をもたらしたことである。

公共事業は無駄であるだけでなく、島根県の中海・宍道湖干拓事業、愛知県の長良川河口堰など日本各地で環境破壊をもたらした。その典型が長崎県の諫早湾干拓事業であった。米余りの時代にムツゴロウなど水生生物の宝庫である干潟を埋め立て農地を造成することを主要な事業目的とするものであった。[*5] 事業の結果、ノリ養殖をはじめとした水産業に大きな被害が出たことで訴訟になり、二〇〇八年（佐賀地裁）、一〇年（福岡高裁）に開門調査を命じる判決がでている。長崎側の干拓地入植者や漁民の反対で開門調査は遅々として進まず、膠着状態に陥っている。

第三に、利益につながらない課題を政治から排除してしまい、その結果、政治は利益の争奪戦へと劣化してしまったことである。

国政選挙では地元への利益誘導が競われ、それになじまないテーマは争点化から排除された。潜在的に多くの有権者の利益にかかわるテーマでも、利害関係者が組織化され集票や政治献金に結び付かない場合は争点にならなかった。少子化や高齢者福祉はその典型的な例である。また、景気や雇用といった経済的利益につながるテーマは別として、環境や外交・安全保障、人権、教育など国民全体にかかわる問題も争点化しなかった。政治家たちは地元への利益誘導を有権者に語り、政治家への最大の期待は地元に公共事業の予算をつけることであった。結果として、政治家と政治の質を劣化させてしまった。

第四に、政治とカネの癒着関係を生み出し、政治腐敗を蔓延させたことである。

＊5　考えてみてほしい。国道沿いの便利で優良な農地をファミレスやコンビニなどに転用し、その一方で、塩害などで農業用地としては条件の良くない干潟を埋め立てての農地造成である。諫早湾干拓事業の主要目的は農地造成から「治水」に変わっていったが、当初の目的が変更される大規模公共事業はほぼ無駄な公共事業だと考えていい。

一九九〇年代前半の「ゼネコン汚職事件」や「リクルート事件」にみられるように、政治とカネをめぐる事件が頻発し、有権者の政治不信を高めることになった。度重なる政治腐敗事件の発覚を受けて「政治改革」が推進されてきたが、最近の徳州会事件にみられるように政治とカネの不明朗な関係は現在でも続いている。最後に、利益誘導政治の最大の弊害は、日本政治から政権交代の可能性を奪ったことである。

本来、政権交代が起きることで国の基本政策は変化し、また、政界と官僚や経済界が癒着を回避することが可能となる。日本の場合、政権交代が起きないことで政官財のトライアングルが形成され、閉鎖的空間のなかで政策が決定されてきた。そのことは、東京電力福島第一原子力発電所での事故の後でも民意を無視して、政財官の原子力利益共同体が原発の再稼働を強引に進めようとしていることに示されている（第2章参照）。

以上のように、公共事業予算の配分を中心とした利益誘導政治は、地方と中央の格差の拡大を緩和するといった役割を果たしたが、他方で多くの弊害ももたらしている。

◉自民党長期政権の弊害と「生活保守主義」

一九七〇年代の二度の石油危機を徹底した合理化によって乗り切った日本経済

は、八〇年代に入ると絶好調の時代を迎える。他の資本主義諸国が不況に苦しむなかで日本経済の好調さは際立っていた。日本経済の成功について、世界から注目が集まり視察も繰り広げられた。企業別組合による経営への協力的姿勢や終身雇用制による従業員の企業への忠誠心の高さ、家族主義的経営による従業員のモラールの高さから、幕の内弁当や箱庭を生み出したユニークな発想・思考法まで、日本経済の成功の秘密が様々に語られた。

一九八六年にバブル経済に突入すると、日本社会は未曾有の好景気に浮かれた。高級ブランドの服やバック、毛皮のコート、宝飾品、高価なマンション（「億ション」やリゾート・マンション）、ゴルフ会員権などの高額商品が飛ぶように売れ、イタリアンやフレンチの「お洒落な」レストランが雨後の筍のように開店した。九〇年代に入ってバブル経済が崩壊するまで、国民は「豊かな」生活を享受し、「国民総中流」「金満国家日本」の幻想に酔いしれていた。

そのような好景気を背景に、国民の生活満足度は上昇し、政治や社会への批判意識は急速に希薄化していった。それまで体制批判の急先鋒であった学生たちの意識と行動も大きく変容していった。大学のキャンパスから学生運動は消滅していき（学生運動は「ダサイ」ものになった）、大学は「レジャーランド」と化した。政治離れの現象は学生に限定されたものではなかった。

国民の生活意識は変化し、経済発展を基準に考えることで保守政党支持に傾斜していった。[*6] 多くの有権者が「生活利害に基づく政治意識」へと傾斜することで、経済の動向が有権者の投票行動に影響を与えるという意味で「生活保守主義」と性格づけられるような意識と投票行動が有権者のなかに広がっていった。一九八六年に中曽根内閣のもとで実施された衆議院選挙で、自民党は三〇四議席を獲得し、保守復調は明確になった。

一九八〇年代の「保守復調」の時期は、同時に新しい政治の流れが顕在化し始める時期でもあった。

第一には、新しい保守政治である新自由主義改革が始動するのがこの時期である。人口の高齢化が進行する一方で、これまでのように経済成長が見込めないなかで、政府の財源と支出を見直す行財政改革が始動する。第二次臨時行政調査会（第二臨調）が設置され、行政のスリム化と財政の緊縮に向けた改革が求められた。英国のサッチャー政権による改革に鼓舞された動きであったが、八〇年代後半の好調な日本経済のもとでは、改革は三公社の民営化（国鉄、電電公社、専売公社）に終わった。

その後も旧い政治と新自由主義の政治の相克は続くが、竹下政権、宮沢政権も基本的に田中角栄の利益誘導政治を踏襲した。九〇年代に入って、経済界では新自由主義的改革への機運が高まっていくが、政界では旧い政治が持続力を発揮していた。たとえば、橋本政権のもとで省庁の整理統合が推進されたが（「橋本行革」）、

＊6　渡辺雅男『階級政治！』昭和堂、二〇〇九年、一三〇－一三四頁。

橋本政権を継いだ小渕首相は不況対策の必要から公共事業の大盤振舞いに回帰してしまった。これまで自民党が業界や自治体への利益誘導に依拠して集票してきただけに、そこからの脱却は容易ではなかった。

保守復調の時代は、政治腐敗が表面化して「政治改革」を求める大合唱が湧き上がり、政治が流動化を始めた。利益誘導政治に依拠する政権の長期化は、政治腐敗の問題を深刻化させていった。リクルート事件やゼネコン汚職事件に象徴されるように、政治とカネの問題がクローズアップされた。九〇年代に入ると「政治改革」が最大の争点となった。政治改革に消極的な自民党に世論の批判は高まり、政治改革に積極的な自民党議員は離党して「新生党」、「新党さきがけ」を結成することになった。

そして、一九九三年に三八年ぶりの政権交代が実現する。新しい政治の時代が始まるという期待のなかで細川護煕政権が誕生し、政治改革の目玉として衆議院に小選挙区制を中心とした選挙制度（「小選挙区比例代表並立制」）が導入された。[*7]

二　経済成長時代の終焉と日本政治の変容

◉利益誘導政治の行き詰まりと新自由主義への旋回

一九九〇年代に入ると経済のバブルが弾けて、日本は長い不況のトンネルに突

＊7　小選挙区制を導入すれば、同一政党内の候補者間でなく政党間の競争が強まり、政策本位の競争が起きるだけでなく政権交代が可能になる。その結果、自民党政権を前提とする利益誘導政治や金権腐敗がなくなる、といった位置づけで新しい選挙制度が導入された。しかし、政策や理念に基づく政党間競争が起きているとは思えないし、「徳州会事件」にみられるように政治腐敗が根絶されたわけでもない。政策や理念による政党間競争を促進し、少なくとも選挙区での利益誘導を防止するためには、そして、最近問題になっている一票の格差を解決するためにも、比例代表制の導入を真剣に考えるべきである。ドイツが採用しているような、民意を比較的正確に代表して穏健な多党制をつくりあげ、政権交代を伴いながら連立政権を基本として穏やかな合意形成するような、

入する。北海道拓殖銀行や山一證券などが破綻に追い込まれていった。高度経済成長の余韻も消えて低成長の時代が本格的に始まったのである。それは同時に、経済成長を前提とした利益誘導政治の行き詰まりをもたらした。

低成長の時代への転換は、日本的な「超安定社会」の終わりも意味していた。高原基樹は、労使協調や終身雇用、年功序列などを基調とする「日本的経営」や家族と地域社会の役割を重視する「日本型福祉国家」、「自民党型分配システム」といった日本独自の諸制度によって「超安定社会」が形成されたと考えることを「右バージョンの反近代主義」と性格づけている。バブル崩壊の一九九〇年代前半以降、日本的経営や日本型福祉国家が経済成長にとって重荷になると、そのような反近代主義的思考は後退して、市場競争を重視する新自由主義的思考が台頭する。

自民党政権は利益誘導政治から新しい政治的方向に舵を切ることになるが、その動きは一九九〇年代半ばに本格化する。九五年一二月、政府は「構造改革のための経済社会計画」を閣議決定し、構造改革を経済政策の基本思想とすることを宣言する。そこには「市場メカニズムの重視」、「規制緩和の推進」、「自己責任の確立」が掲げられ、その後の自由な市場経済を重視した経済改革、行財政改革の先触れとなった。*8

日本経済の停滞のなかで新自由主義的改革を主導したのは経済界であった。政

社会党（現在は社民党）がかつて提案した選挙制度が望ましいのではないか（中北浩爾『現代日本の政党デモクラシー』岩波書店、二〇一三年、二九－五一頁を参照）。

*8　石水善夫『日本型雇用の真実』筑摩新書、二〇一三年、一一四－一一五頁。

権交代によって誕生した非自民連立政権（一九九三〜九四年）の細川護熙首相のもとで設置された経済改革研究会は、「平岩レポート」を発表した。そこでは公共事業の見直しも提言されていたが、重点は規制緩和にあった。経済界は非効率で閉鎖的な日本型システムの再編を強く望んでいた。

バブル経済が弾けて長期停滞に入ると、企業は非正規雇用の拡大に乗り出し賃金停滞経済へと移行していった。[*9] その歴史的起点が、一九九五年に日経連（日本経営者団体連盟）が発表した報告書「新時代の日本的経営」である。そこでは「終身雇用」、「年功賃金」が否定されて、従来の正社員に近い「長期能力蓄積型」、スキルをもって会社を渡り歩く「高度専門能力活用型」、パートやアルバイトのイメージに近い「雇用柔軟型」の三グループへの従業員の分類が提言されている。[*10]

政治改革としてとられた対策も、新自由主義の発想が色濃く刻印されていた。小選挙区制のもとで政権をめぐる二大政党間の競争と有権者の選択のメカニズムを作動させることで、最適な政策が決定されるという民主主義モデルが選択された。つまり、市場で消費者が商品を選ぶように、マニフェストに基づいて有権者が政党を選択するという市場競争型デモクラシーが想定されていたのである。しかし実際は、有権者はマニフェストによる政策と理念を軸とした政党選択をすることはなく、小選挙区制の導入は善悪二元論に立脚するポピュリズムや劇場型政治に帰着することになる。[*11]

＊9　服部茂幸『新自由主義の帰結―なぜ世界経済は停滞するのか』岩波書店、二〇一三年、五三－五六頁。

＊10　高原基樹『現代日本の転機』ＮＨＫ出版、二〇〇九年、二一〇－二一七頁。

＊11　その典型が小泉政権の政治手法であった。二〇〇五年の衆議院選挙で小泉首相は郵政民営化に争点を絞り込み、「改革勢力」と「抵抗勢力」の戦いという善悪二元論に基づく図式を打ち出した。郵政民営化に反対投票した自民党代議士の選挙区に「刺客」を多数送り込んだ。郵政民営化の本質的な議論ではなく、ワイドショーでの興味本位の報道で有権者の興味を駆り立てる「劇場型政治」が繰り広げられた（中北・前掲〔＊7〕一五二頁）。小泉政権時代は、選挙以外にもテレビ放送を意識した定例記者会見や国会の巧妙ではあるが内容空疎な答弁が目立ち、政治の劣化が

旧い保守政治が行き詰まり、自民党は新自由主義路線に活路を見出した。それは、ポピュリズム的手法を駆使する小泉政権の構造改革として本格化する。小泉政権はポピュリズム的手法で注目されたが、[*12] 小泉政権が推進した「構造改革」は行財政改革、規制緩和・撤廃（とくに、労働市場や金融の規制緩和）、民営化（郵政事業の民営化）、日本経済の競争力強化といった新自由主義的政策を推進するもので、「二〇年遅れのサッチャリズム」と形容された。

小泉改革は景気回復をもたらしたが、その恩恵は国民全般に行き渡ることはなかった。構造改革を潜り抜けるなかで、平等な社会と信じられてきた日本社会は、いつのまにか格差社会へと変貌していた。規制緩和と行財政改革、市場重視の改革は雇用の不安定化やセーフティネットの劣化、公共事業予算の削減によって、戦後日本の安定を支えた男性稼ぎ主モデルと公共事業による地方への再分配を直撃する。[*13] 国民は新自由主義的改革の弊害を意識するようになり、それは民主党への政権交代の追い風になる。

◉政権交代と民主党の挫折

小選挙区制の導入は政策的距離の近い二大政党化をもたらした。たとえば、二〇〇五年九月の総選挙では郵政民営化法案が最大の争点であったが、民主党は最終的には法案に反対の姿勢を鮮明化したとはいえ、岡田克也代表（当時）は郵政

顕著になった。

＊12　国政においては一九八〇年代の中曽根首相が最初にポピュリズム的手法を駆使した。ただ、日本の場合は、ヨーロッパの右翼ポピュリズムとは異なって、新自由主義的イデオロギーに立脚して「国家行政のスリム化」を掲げ、「民」と対比させて「官」（＝公務員）を攻撃のターゲットにする傾向がある。小泉首相（「郵政民営化」）、民主党政権（「政治主導」）と「官と民」の二項対立の図式が利用されている（吉田徹『ポピュリズムを考える―民主主義への再入門』ＮＨＫブックス、二〇一一年、五三―五八頁）。地方においても、橋下大阪市長や鹿児島県阿久根市の竹原前市長のように、公務員をバッシングすることで政治家としての人気を築いた首長も現れている。国政と地方政治におけるポピュリズム現象については第４章を参照。

の民営化、職員の非公務員化への好意的姿勢を鮮明にしていた。民主党内には新自由主義的改革への支持が強く、自民党との対立軸を鮮明にすることは困難であった。自民党政治に対する対案を探そうとしても、軸になるイデオロギーも思想も民主党にはなかったからである。[*14]

自公政権の景気対策は企業を支援するものが多く、マクロな経済指標が回復しても雇用や賃上げなど有権者が実感できる成果は伴わなかった。自民党の長期政権への飽きに加えて、自分の生活がいっこうに向上しないことから、政権交代を望む意識が有権者に広がった。政権交代をもたらした二〇〇九年の総選挙は、各党の政策を評価して投票する「争点投票」ではなく、自民党政権への「懲罰」だったのである。[*15]

ただ、民主党がマニフェストを掲げて争点投票による政権選択を有権者に迫ったことは、自民党とは違った政治への期待を高めることになった。マニフェストには子ども手当や高校授業料無料化、生活保護の高齢者・母子家庭加算の復活、農家への戸別所得保障など、ヨーロッパの社会民主主義的な社会的再配分政策が散りばめられていた。小泉政権の新自由主義的改革が社会的格差を拡大し、国民の生活を不安定化させたことに対して、民主党は「国民の生活が第一」を掲げて区別化を図った。

そのような政権戦略が効を奏して、二〇〇九年の衆議院選挙で、民主党は社民

＊13　一九九八年の有期雇用契約の上限規制の緩和、九九年の労働者派遣法の改正による製造業への派遣の解禁などの労働市場の規制緩和、社会保障給付というセーフティネットを切り刻むことで、日本型福祉システムは大きく劣化していった。小泉政権下の公共事業予算の縮小は、地方の経済と雇用に打撃を与えて都市部と地方の格差を広げていった。また、小泉政権のもとで非正規雇用が急増した。パートやアルバイト、契約や派遣などの非正規の雇用形態が増え、個人の間でも格差が拡大した。

＊14　小堀眞裕『国会改造論―憲法・選挙制度・ねじれ』文春新書、二〇一三年、二三九―二四一頁。

＊15　小林良彰『政権交代―民主党政権とは何であったのか』中央公論新社、二〇一二年、二四―三三頁。二〇一二年の衆議院選挙での自民党へ

党、国民新党とともに連立政権をつくることになった。国民の期待を背負って船出した民主党政権であったが、やがて有権者の期待を裏切ることになる。マニフェストに関していえば、高校授業料の無料化や農家への戸別所得補償は実現にこぎつけたが、政策実現のための十分な財源が確保できないことから子ども手当は中途半端に終わり、試行はしたものの高速道路無料化も実現できなかった。

「政治主導」を掲げたが、国家戦略局の設置法案は撤回に追い込まれ、廃止した事務次官会議は形を変えて事実上復活し、天下り禁止と行政刷新会議は期待した効果はなかった。企業団体献金廃止や議員定数削減などの政治改革は実現せず、八ツ場《やんば》ダムの工事継続を典型に公共事業見直しは大幅に後退した。「年金・医療」については、年金一元化や年金手帳配布、税・社会保障共通番号制度など実施されていない項目が多い。その他にも「地域主権」、「雇用・経済」なども含めて、マニフェストに掲げた政策は実現されていないものが多く、実施されたものでも期待したほど効果があがっていないものが少なくない[*16]。また、党内外の保守的な意見に押されて、選択的夫婦別姓制度や定住外国人への地方参政権付与のようなリベラルな政策も断念に追い込まれた。

民主党政権には致命的な弱点があった。第一には、党内は必ずしも一枚岩ではなかったことである。憲法や安全保障政策だけでなく、政府の規模（小さな政府、大きな政府）や公共事業、原発まで、党内の意見が一致することはなかった。政

の政権交代も同様に、政策を評価した「争点投票」ではなく、多くの有権者による民主党に対する懲罰的な投票行動によって起きたと考えられる。日本の政党と選挙については第3章を参照。

＊16　小林・前掲（＊15）一五四－一五七頁。

権運営の混乱や党内対立の表面化、離党者の続出など、民主党（政権）は政権政党としての未熟さを露呈し、急速に国民の支持を失っていった。

第二に、政策実現に向けた準備の不足と政治手法の未熟さも民主党の挫折の要因であった。たとえば沖縄の基地問題では、鳩山内閣は沖縄の普天間基地を県外・国外に移設するという政策を打ち出した。だが、普天間基地問題は、これまでの対米関係を見直すことなしに実現は不可能であり、政府の方針は、沖縄県民の期待に反して迷走の末に県内移設案に戻ってしまった。

有権者の期待を裏切った民主党政権は二〇一二年の衆議院選挙で厳しい敗北を喫し、自公連立の安倍政権が誕生することになった。*17

三　ポスト・フクシマの日本政治

◉「アベノミクス」と自省なき政治

自民党は、「五五年体制」のもとで保守的再配分政治（利益誘導政治）によって長期政権を築き、一九九〇年代に入ってバブルが崩壊してその政治が行き詰まると、小泉政権のもとで新自由主義の方向に本格的に舵を切った。民主党への政権交代をはさんで自民党は政権に復帰するが、前回は体調を崩して途中降板した安倍晋三が首相に返り咲いた。経済成長路線を掲げ、公共事業の大盤振舞いと大企

＊17　民主党への政権交代は失敗であったと評価されている。ただ、前言したように民主党政権の実現した政策には評価すべきものもあるし、利益誘導政治と新自由主義の政治ではない「第三の道」を切り開く可能性も秘めていた。ヨーロッパの社会民主主義モデルに類似した再配分政策、選択的夫婦別姓制度や定住外国人への地方参政権の付与など、自民党政治とは異なった新しい政治の質を示していた。民主党政権の約三年三カ月については様々な面からの分析が必要であるが、これまで出版されたものでバランスの取れて説得力のある分析として、日本再建イニシアティブ『民主党政権―失敗の検証』（中公新書、二〇一三年）を参照。

業への優遇など旧い政治の手法を大々的に駆使しながら、規制緩和や行財政改革、金融緩和などの新自由主義的政策も推進している。そういう点で、「アベノミクス」は旧い保守政治（利益誘導政治）と新しい保守政治（新自由主義）をミックスしたものといえる。*18

「アベノミクス」の基本政策は「三本の矢」と表現されているが、それは金融緩和、公共事業、新成長戦略と要約できる。その基本的発想は、デフレスパイラルを脱却して日本経済を経済成長の軌道に乗せることである。「三本の矢」である金融緩和・財政出動・成長戦略による輸出の増加や消費の喚起が企業収益の上昇をもたらし、それが個人所得を増加させることで購買力を向上させるという好循環が想定されている。

しかし、「アベノミクス」のシナリオについては多くの疑問が寄せられている。第一に、そのシナリオの実現可能性である。社会の制度や仕組みを見直すことなく経済成長を優先する発想の限界は、二〇〇一年に登場する小泉政権ですでに経験ずみのことである。「改革なくして成長なし」として「構造改革」を唱えた小泉政権は、既成緩和や行財政改革など「小さな政府」をめざす新自由主義的改革を推進した。その結果、企業収益は回復し、未曾有の長期にわたる好況期が続いたが、経済成長の果実は企業の内部留保や株主配当に充当され、勤労者の賃金や労働条件の改善にはつながらなかった。はたして「アベノミクス」は、株価や企

*18　アベノミクスについては、高橋伸彰・水野和夫『アベノミクスは何をもたらすか』（岩波書店、二〇一三年）を参照。

業業績の回復の恩恵を広範な国民に行き渡らせることができるのだろうか。

第二に、財政規律を無視した第二の矢＝公共事業の大盤振舞いが、千兆円を超える国と地方の借金を膨らませることである。

小泉政権によって大幅に公共事業予算は削減され、民主党政権も「コンクリートから人へ」というスローガンのもとに公共事業の削減路線をとった。民主党政権は八ツ場ダムのような巨大公共事業を中止し、無駄な事業を「仕分ける」など財政規律を重視する姿勢を示していた。千兆円を超える国家と地方の借金を前に、さすがの「土建国家」も命運が尽きたかにみえた。

しかし、安倍政権のもとで、景気と震災への対策という名目で公共事業は息を吹き返した。衆議院選挙で公共事業の拡大を公約した自民党は、政権交代後に震災復興、防災・減災の名目で、また、デフレ脱却の手段として大々的に予算を拡大した。新世紀に入って、旧い政治である田中角栄モデル＝利益誘導政治から脱却しつつあると思われたが、安倍政権のもとで日本政治は公共事業バラ撒きの政治へと回帰してしまった[*19]。

第三に、経済成長戦略の内容が希薄であることである。景気回復によって大量生産・大量消費のサイクルが再び回りだすと、それで問題は一件落着なのだろうか。それは過ぎ去った経済成長時代の夢をみているような気がする。もし時代に適合した夢をみるならば、「アベノミクス」の第三の矢である成長戦略に自然エ

＊19　安倍政権のもとでの国土強靭化を名目とした公共事業バラ撒き時代への回帰については、五十嵐敬喜『「国土強靭化」批判―公共事業のあるべき「未来モデル」とは』（岩波書店、二〇一三年）、上岡直見『日本を壊す国土強靭化』（緑風出版、二〇一三年）を参照。

ネルギーや福祉政策（高齢者、障害者、少子化、教育、医療などに対応した）、環境保全・回復型公共事業、農林水産業の復興などの二一世紀型の成長戦略のリストが提示されたはずである。だが、「アベノミクス」の成長戦略は新鮮味のないメニューが並んでいるにすぎない。結局、「アベノミクス」の成否はＧＤＰの六割を占める個人消費の回復にかかっている。確かに、金融緩和などで株価が上がり、資産家を中心に高額商品の売上高が伸びたが、安倍政権の発足から一年が経過した二〇一三年一一月末には高額商品の売り上げの伸びは鈍り、一三年七〜九月期には個人消費も大きく減速している。頼みの輸出も減速しており、現状は政府による財政出動が日本経済を支えているにすぎない。

◉アメリカのような社会がいいのか？

戦争の惨禍を経験し命からがら敗戦を迎えて戦後を生きた人々は、貧しい生活ではあったが、理想の社会を思い描いていたはずである。平和で豊かで民主的な社会、それが多くの人々が望んだ社会であったはずである。戦後六〇年以上が経過したが、人々が追い求めてきたのは現在のような社会なのだろうか。

日本のＧＤＰは中国に抜かれたといっても世界第三位の規模であり、経済的には過剰なほど豊かである。だが、人間関係は希薄化し、社会関係資本は貧困である。フィンランド、韓国、日本の学生を対象とした対人信頼感の国際調査によれば、「他人を信頼せず、誰かに利用されるという猜疑心が強く、他人を善良で親切だと思っていない」という回答が最も多いのは日本であった。[*20] 私たちは経済的に豊かな社会を築いたが、学生が他者を信頼し、他者と連帯できるような社会を築くことはできていない。

といっても、私たちの社会にも人間の絆が存在し、希望にあふれた時代があった。企業の業績拡大のために男性には正社員待遇が与えられ、稼ぎ主となった男性の所得が家族を支えた。そしてその家族が福祉や教育・保育、介護などの社会保障機能を果たしてきたのである。経済成長の時代は国民の家計に成長の果実を行き渡らせることで、公的な社会保障制度の不備をカバーしてきた。しかし、そのようなメカニズムは高度成長の終焉とともに崩れてきた。

男性稼ぎ手モデルを前提とした日本型福祉国家が行き詰まったとき、私たちはどのような社会に向かっていくべきだろうか。その答えは「小さな政府」と競争社会であるという新自由主義者の声が、二〇〇〇年代に入って大きくなった。だが、社会が新自由主義の方向に向かうと、社会的格差と貧困の拡大、競争の激化、社会関係資本と社会的連帯の弛緩を伴うことがわかってきた。それはアメリカ的な社会への道である。日本型福祉国家が行き詰まっているからといって、はたしてアメリカ・モデルの社会に向かっていいのだろうか。『朝日新聞』の社説（二〇一三年一〇月一四日）は、そのことを問いかけている。

＊20　神野直彦『「分かち合い」の経済学』岩波書店、二〇一〇年、一〇−一一頁。

「どんな社会がいいのですか—社会保障のバランス」という社説のなかで、社会保障のバランスをめぐって三つの社会モデルが紹介されている。①日本は伝統的に家族、とくに女性の無償労働に頼るところが大きく、女性の社会進出を妨げてきたが、税などの国民負担は比較的低い。②国民負担が低いアメリカは市場への依存度が高く、社会保障サービスの需給に格差を伴う。③スウェーデンなど北欧諸国は、政府の役割が大きく比較的平等に福祉サービスが受けられるが、国民負担は重い。

賃金停滞型経済（＝非正規雇用依存型経済）への移行によって男性稼ぎ主モデルが崩れることで、家族の福祉サービスに依拠した日本モデルが機能不全に陥っている。その対策として、政府は福祉サービスを市場に委ねるアメリカ・モデルに舵を切りつつある。しかし、市場は必ずしも低いコストで効率的な社会保障サービスを提供できるわけではない。マイケル・ムーア監督の『シッコ』で描かれているように、アメリカの医療サービスは高価で、誰にでも医療が十分に提供されているわけではない。そして、幸福度ランキングで北欧の国々が上位を占めている現実を目の当たりにしたとき、[21]国家（もしくは自治体）の役割を重視する北欧諸国のモデルを再評価するべきであろう。

たとえば、福祉国家で名高いスウェーデンについて書かれた『人を見捨てない国スウェーデン』という本のなかに、病気や退職、失業、心身の障害に関する仕

＊21　橘木俊昭『幸福の経済学』岩波書店、二〇一三年、一五頁。

組みが紹介されている。スウェーデンで病気になったら、疾病手当が最長三六四日、それ以降も職場復帰ができないときは医師の診断書をもとに最長五五〇日まで延長可能である。医療費の自己負担は年間の上限額が決められていて（外来治療一万八〇〇円、医薬品二万四千円）、上限を超えるとそれ以上は無料になる。*22

一九六〇〜七〇年代、経済的に貧しい状態を脱して豊かな社会へと変貌するなかで、国民に社会モデルを選択する機会を与えるべきであった。生活と人生の安心・安全を個人の責任で確保するアメリカ型の社会か、それとも、社会として共同で確保する北欧のような社会かという選択が、国民に問われるべきであった。だが、利益誘導政治は、社会モデルについて議論をし、選択することを阻害してきた。

民主党政権のもとで、利益誘導政治から社会民主主義的再配分の政治へと舵を切るかにみえた。野田政権のもとで「税と社会保障の一体改革」が提起されたとき、本当は社会モデルの選択について議論が交わされるべきであった。北欧モデルの社会に向かうためには、どれくらい国民負担が必要なのか。どれくらいの高負担を受容すれば、どのようなレベルの社会保障と福祉の享受が可能なのか。これまでのような経済成長が望めないなかで、社会モデルの選択について本格的な議論を始める時である。

＊22　年をとったら、自宅介護を中心に介護つき住宅、介護施設が用意されていて、自宅の場合は最も負担の重い介護では月に五六時間以上の介護サービスが提供され、自己負担も約二万一千円である。失業したら、失業手当の支給期間は三〇〇日、最初の二〇〇日は給与の八〇％、それ以降は七〇％が支給される。障害をもったとき、障害者雇用を促進する国営企業が一万八千人近くの障害者を雇用し、仕事ができない障害者には最大で約三六万四千円の非課税の手当が支給される。三瓶恵子『人を見捨てない国スウェーデン』（岩波ジュニア新書、二〇一三年）を参照。

◉どのような社会に向かうのか？――環境と資源の制約、人口減少社会を迎えて

スウェーデンのような社会を築くといっても、二一世紀に生きる私たちには留意すべきことがある。それは、北欧型福祉国家が経済成長を前提にしていることである。北欧諸国は、これまで経済成長の果実を福祉へと充当してきた。環境や資源の制約という二一世紀的条件を考えたとき、無限の経済成長と人口増加を前提とした福祉国家的再配分は不可能である。[*23]

とすると、グローバル化と人口減少、資源と環境の制約を前提として、これからの経済社会を構想しなければならない。途上国の人々が基本的人権に相応しい生活水準まで発展する権利をもっているとすれば、日本のような先進社会の過剰に豊かな生活水準を引き下げるしかない。人口の減少も考えれば、経済成長を前提として潤沢に福祉を提供することは困難である。人口が減少する定常型社会を前提に、つまり、脱成長を前提に社会を再構築するしかないだろう。

新しい経済社会の構想は脱成長をキーワードに世界的に議論されているが、[*24]日本でも広井良典が新しい経済社会モデルについて傾聴すべき主張を展開している。広井は、経済成長を自明視するのではなく定常化社会を前提として、再分配のあり方や公正に配慮すると同時に、資源消費や経済活動の持続可能性を前提とすることを説いている。広井の説くグローバル定常型社会は、持続可能な福祉社会のグローバル版といえる。それは、グローバル・レベルでの分配の公正と持続可能

＊23　たとえば、落ち込んでいた自動車生産が回復すれば、景気が好転して雇用も税収も増え、二〇世紀型の発想では一件落着である。だが、それによって自動車の生産に多くの資源とエネルギーが投入され、ガソリンが大量に消費されて排ガスが撒き散らされることは、二一世紀型の発想では問題解決ではない。考えてみてほしい。中国一二億、インド一〇億の国民が自動車に乗るようになると、先進社会の自動車会社は莫大な利益を上げるかもしれないが、環境や資源への負荷は想像を絶するものになる。

＊24　ラトゥーシュ・S（中野佳裕訳）『経済成長なき社会は可能か―〈脱成長〉と〈ポスト〉開発の経済学』（作品社、二〇一〇年）を参照。

性を総合的に考える理念と政策、すなわち、個人の生活の保障や分配の公正が実現されると同時に、それが環境・資源の制約とも両立する持続可能な社会をグローバル規模でめざすものである。[*25]

広井は最新の著書『人口減少社会という希望―コミュニティ経済の生成と地球倫理』のなかで、コミュニティ経済について言及している。その内容は、①経済の地域内循環、②「生産のコミュニティ」と「生活のコミュニティ」の再融合、③経済が本来もっていた「コミュニティ」的（相互扶助的）性格の再評価、④有限性のなかでの「生産性」概念の再定義の四本の柱に整理されている。

農林水産業を中心としたコミュニティが破壊されるのが、戦後日本の経済発展の歴史であった。地方でも都市部でも、家族も含めて人々のコミュニティは衰退し、人間関係資本は劣化していった。そのような現象は解放や自由の拡大として肯定されてきた。だが、孤独死にみられるように人間関係が希薄化していくなかで、コミュニティの価値が再認識し始められている（「絆」という言葉の流行にみられるように）。

人々が生き、働き、楽しむ場所であるローカルなコミュニティが再生するためにも、ローカル経済の再生は不可欠である。農林水産業が衰退した後、工業化も公共事業のばら撒きも、リゾート開発や「構造改革」も決してローカル経済の回復につながらなかった。結局、広井が同書で説くようなコミュニティ経済の可能

＊25　広井良典『持続可能な福祉社会―「もう一つの日本」の構想』（筑摩書房、二〇〇六年）、同『グローバル定常化社会―地球社会の理論のために』（岩波書店、二〇〇九年）を参照。

性を真剣に考えざるをえない。[26] 高齢化や地価の安さ、農林水産業の残存、良好な自然環境といった地方の利点を活用した経済を構想するしかない。環境保全・回復型・福祉型・景観改善型公共事業、六次産業化を含めた農林水産業の再生、職人的仕事の再評価、自然エネルギーと健康・医療・福祉産業の振興といった多様な手段を混合して、ローカル経済を再興するしかない。

人口減少社会のなかで、経済成長を前提とした処方箋は通用しない時代を迎えている。ローカルとエコロジーをキーワードに、ローカルな空間を重視したグリーン・エコノミーを築くこと、国政と地方の政治が新しい経済社会モデルを構想して具体的な政策を推進すること、それこそが新しい政治にとっての重要な課題である。

*26　広井良典『人口減少社会という希望―コミュニティ経済の生成と地球倫理』朝日新聞出版、二〇一三年、三〇―四三頁。

おわりに

五五年体制のもとで長期政権を築いてきた自民党の基本方針は、国内的には経済成長、対外的には良好な対米関係の維持であった。冷戦時代の比較的安定した国際秩序のもとで日本は経済成長に邁進することができた。日本的経営と日本型福祉国家によって国民生活は安定して、公共事業予算の配分によって地方と都会の格差も是正された。このような安定と成長を実現してきた戦後の経済社会システムは一九七三年の石油危機を契機に揺らぎ始め、九〇年代に入ってバブル経済が崩壊することで決定的に行き詰まっていった。

だが、政党は相変わらず経済成長を追い求めている。鳴り物入りで政権交代を果たした民主党も経済成長を自明視して、その配分方法の変更を試みたにすぎない。成長戦略がないという野党からの批判に対して、民主党は原発輸出を含む成長戦略を急遽作成することで応えた。成長神話の呪縛は政党レベルだけの話ではない。三・一一を経験したにもかかわらず、多数の有権者は相変わらず二〇世紀の経済成長の夢を捨てきれないで「アベノミクス」に支持を寄せている。

しかし、その一方で三・一一以降、有権者は変わり始めてもいる。金曜日に多くの人々が首相官邸周辺に集まり、全国で大規模な脱原発の集会やデモが組織されている。そして、執拗な再稼働への動きにもかかわらず、国民の多数派は脱原発を選択し続けている。[*27]だが、政治の場に目を転じると、市民の自由な言論や活動を抑制し、息苦しい社会をもたらす危険性のある特定秘密保護法[*28]が制定され、米軍とともに地球の裏側にまで自衛隊が派兵されて交戦する危険性のある集団的自衛権の容認が画策されている。

現行の民主主義の機能不全を打開するためには、比例代表制を中心とする選挙制度の導入によって穏健な多党制に移行するといった制度改革が必要だが、それを超えた市民の政治に対する向き合い方を変えることも重要である。日本の民主

＊27　第2章、第4章を参照。
＊28　特定秘密保護法の制定は、そのような社会運動の再生、「デモのできる社会」への動きに不安を覚えた為政者たちの対抗策と考えるのは、あまりにもうがった見方であろうか。国会周辺での大音声のデモをテロと同じと非難する政治家が幹事長を務める政党が推進しているだけに、治安維持的側面も冗談ではすまない。日米軍事協力を推進する際に、アメリカと高度な軍事機密を安心して交換できるようにという触れ込みであるが、秘密の指定をチェックする独立した第三者機関の設置をアメリカが反対しているわけがない。そのような機関はアメリカにも存在するからである。軍事機密の防衛を名目に秘密の範囲を拡大し、治安維持的機能を与える意思が日本政府側に働いているとしか思えない。

主義の弱点が、選挙以外の民主主義の弱さにあるとすれば、市民の実践を抜きには日本政治の再生は語ることができない。制度改革と制度を超えた市民の実践に立脚して、新しい政治は可能となるだろう。

【より理解を深めるための文献】

広井良典『人口減少社会という希望—コミュニティ経済の生成と地球倫理』朝日新聞出版、二〇一三年

筆者の暮らす佐賀市で二〇一三年一〇月に市長・市議会議員選挙があったが、候補者たちは口々に「元気のない」佐賀市を「活性化」すると訴えていた。「元気がない」日本と地方をどうするか。この本には多くのヒントが詰まっている。

畑山敏夫『フランス緑の党とニュー・ポリティクス—近代社会を超えて緑の社会へ』吉田書店、二〇一二年

自分の本の宣伝のようで気が引けるが、新しい政治の現状と可能性についてフランス緑の党を題材にして考えた本。制度改革と市民参加、そして新しい政党が日本にも必要だ。

中北浩爾『現代日本の政党デモクラシー』岩波書店、二〇一二年

選挙で利益誘導政治の演説にウンザリしていた筆者にとって、「マニフェスト選挙」という言葉はなんと魅力的に響いたことか。それが民主党政権の挫折で色褪せたが、それが「市場競争型デモクラシー」の蹉跌としてすっきり理解できた。現代の政党と選挙、そしてデモクラシーを理解するための必読書。

2 原発と戦後日本の政治

はじめに

民主党政権下の二〇一二年夏に行われたエネルギー政策の選択肢に関する一連の「国民的議論」（意見聴取会、約九万件のパブリック・コメント、討論型世論調査）では、表明された意見の圧倒的多数が将来の原発ゼロを求めていた。これに応えて民主党政権は「革新的エネルギー・環境戦略」の中で「二〇三〇年代に原発ゼロ」をめざす政策を表明した。もちろん民主党政権の政策は、大間原発の工事再開を認めるなど矛盾もあったが、福島原発事故を踏まえた新しい幾つかの法律を制定するなど、若干の成果もあげていた。

しかし二〇一二年一二月の総選挙は、過去の原子力政策に最大の責任を負うべき自民党の政権復帰をもたらした。自民党・公明党の連立政権は、二〇一三年六月に閣議決定した成長戦略に「原発の活用」を盛り込んだ。安倍晋三首相は頻繁に外遊を行い、紛争地域に近い中東諸国や地震国トルコ、核兵器保有国インドとの原子力協力を推進した。

また、二〇一二年六月に国会で成立した「原発事故子ども・被災者支援法」も骨抜きにされようとしている。子どもを守るために自主的に避難した住民や、福島県外など国による支援が手薄だった地域の住民をも対象に、定期的な健康診断や医療の確保、支援対象地域からの移動に対する支援や移動先での住宅確保施策などを盛り込んだ画期的な法律である。ところが、具体的な施策を定める「基本方針」案の決定が一年以上も放置され、ようやく一三年一〇月に閣議決定された基本方針は、支援対象地域を狭く限定した。一四年三月に決定される予定のエネルギー基本計画案においても、政府は原発回帰の姿勢をみせている。ただし自民党も、世論に定着した脱原発の多数意見を無視はできないとみていることは、小泉純一郎元首相の言動からうかがえる。

国民は脱原発を求めながらも、民意の受け皿となりうる有望な政治勢力が見あたらないというのが現状ではないか。民主党政権は、なぜそうした受け皿になりえなかったのだろうか。自民党は原子力政策の形成にどのようにかかわってきたか。こうした問いを考えていくために、この章では戦後日本政治と原発問題とのかかわりを概観する。

一　五五年体制と原子力推進体制の形成

◉戦後初期の労使関係と政党政治

戦後初期の日本の政党政治は流動的だった。ＧＨＱ（連合国総司令部）の意向を反映して、一九四七年には社会党が、保守三勢力のうちの二党（民主党、国民協同党）と連立政権を組んだ。[*1] しかし冷戦が激化すると、米国の対日政策の重点は民主化・非軍事化から、経済力や軍事的潜在能力の育成へと転換する。そうした文脈で政治経済構造の再編が進められていく。

ここではまず電力産業を中心に、労使紛争をみておきたい。戦後の労使紛争は、東京電力をはじめとする日本の企業体質の原点、さらには戦後日本の政治経済の「原罪」となっており、原発問題につながるからである。[*2] 敗戦直後の労働運動は戦闘的であり、一部では、従来の職業別労働組合ではなく、一産業内の全労働者を対象とする産業別労働組合も結成された。

産業別労働組合（以下、組合または労組という）の典型例は、戦時中に日発（日本発送電株式会社）と配電会社九社に統合された電力業界である。四七年には電産（日本電気産業労働組合）が発足した。しかし冷戦が激化すると、ＧＨＱは共産党員の排除を進め、反共産主義の労働団体として総評（日本労働組合総評議会）の結成を

＊1　社会党委員長の片山哲が首相となった片山内閣は一九四七年五月から四八年三月まで続いた。

＊2　渋谷望『ミドルクラスを問いなおす――格差社会の盲点』ＮＨＫ出版（生活人新書）、二〇一〇年。斎藤貴男『「東京電力」研究　排除の系譜』講談社、二〇一二年。

後押しする（五〇年）。ところが、総評自体はその後、左傾化する。そこで経営者側は労使紛争での巻き返しを図る。電産も争議で経営側に敗北し、多くの組合員が会社側の支援する第二組合に乗り換えていった。五四年、第二組合の連合体として電労連（全国電力労働組合連合会）が結成され、後の電力総連（九三年発足。全国電力関連産業労働組合総連合）に発展した。ＧＨＱは発送配電の地域分割と独立採算制に基づく九電力体制[*3]への再編成を求めたが、このことにより労働条件や利潤における地域別・企業別不均衡が明確になり、産業別組合の基盤を揺るがすこととなった。

さらに、一九六〇年の三井三池炭鉱争議を頂点に、労使紛争は労働者側の敗北に終わり、中央の労働団体も分裂する。電労連をはじめとする労使協調主義労組は六四年に同盟（全日本労働総同盟）を結成し、六〇年に社会党から分裂した民主社会党（民社党）を組織的に支援した。総評には民間企業の労組の一部が残ったものの、主力は官公労（日本官公庁労働組合協議会）、すなわち公務員の労組になる。総評は党員基盤の弱い社会党に強い影響力を及ぼした。総評内には共産党系の少数派が残留した。

次に政界再編である。財界は、党内で左派優位となっていた社会党の政権獲得を阻止するため、保守勢力の合同を後押しした。民主党や協同党の流れは改進党に合流し、さらに日本民主党を結成する。最終的に一九五五年一一月、日本民主

＊3　全国九地域―北海道・東北・東京・中部・北陸・関西・中国・四国・九州―における民間一般電気事業者による電力供給体制で一九五一年に発足。

党と吉田茂の自由党が合流し、自由民主党が誕生した。経済団体連合会（以下、経団連という）は企業から広く自民党向けの政治献金を募った。米国政府もCIA（アメリカ合衆国中央情報局）を通じて自民党に資金を援助し、野党の分断を図るために民社党にも資金を提供した。巨大保守政党の誕生により、自民党長期政権と万年野党の社会党が対峙する一党優位政党制が確立した。政権交代の欠如は、官僚機構と政権党との癒着をもたらし、司法やメディアの独立性も掘り崩していった。

こうして確立した「五五年体制」の特徴を以下のように整理したい。①冷戦下で米国と財界からの支持を受け、輸出主導型経済成長を追求する。②左派労組・社会主義政党を政権から排除し、保守支持層を動員するため、反共イデオロギーに訴える。③労組の一部や中小企業を企業社会に統合し、野党の基盤を掘り崩す。④農協などに組織された地方自営層を取り込むため、利益誘導政治を行う。*4 ⑤特定省庁と業界（＋学界）の複合体が縦割りで「国策」を決定する。*5

これらの特徴は原子力をめぐる政治の構図にもみられる。本節では以下で①⑤④の順にみておきたい。②は第二節、③は第三節で取り上げる。

◉原子力推進体制の形成と日米・政財間の提携

核の軍事・民事利用両面の日米協力は、日米安保体制によって保障されてきた。

＊4　農村部に偏った選挙区（とくに参議院の都道府県を単位とする選挙区）の定数配分は利益誘導政治（第1章参照）に有利に働いた。衆議院の中選挙区制も自民党の派閥の共存を促した。

＊5　自民党の主要三派閥のうち、①と関連するのは池田勇人など官僚出身政治家が主導した経済自由主義の主流派、②と関連するのは戦前の価値観への回帰を主張した岸信介の系譜、④と関連するのは地方ノンエリートの田中角栄の系譜だった。

軍事面では、「非核三原則（核兵器を持たず、作らず、持ち込ませず）」を標榜しながら、一連の密約によって日本領土への核兵器持ち込みを黙認し、自衛隊には米国核戦略の機能の一部を担わせてきた。*6

日本の核の民生利用は、一九五三年一二月の国連総会におけるアイゼンハワー大統領の「平和のための核」演説以降の米国の核政策によって可能となる。中曽根康弘を中心とする改進党は五四年三月二日、自由党や日本自由党の賛同を得て、日本初の原子力予算案を衆議院予算委員会に提出した（四月三日に国会で成立）。背景には、ちょうどこの頃、第五福竜丸事件*7が起こり、日米両政府は事件が報道されて反米感情や反核運動が高まる前に、原子力予算の成立を急いだ事情もあった。*8同時に、核武装の潜在能力をもつことをめざす意図も政界・官界の一部にあり、それを米国も黙認したと考えられる。

日本学術会議は、政府の独走に歯止めをかけるため、「原子力の研究と利用に関し公開、民主、自主の原則を要求する声明」を決議した。この「原子力三原則」はやがて原子力基本法第二条に「原子力の研究、開発及び利用は、平和の目的に限り、民主的な運営の下に、自主的にこれを行うものとし、その成果を公開し、進んで国際協力に資するものとする」という文言で取り入れられた。

当時は与野党を問わず、「原子力平和利用」を支持していた。五五年末、原子力基本法、原子力委員会設置法、および総理府設置法改正案（総理府内に原子力局

*6　吉岡斉『脱原子力国家への道』岩波書店、二〇一二年。

*7　一九五四年三月一日、米国が太平洋ビキニ環礁で水爆実験を行い、近くにいた遠洋マグロ漁船「第五福竜丸」が被曝した。

*8　衆議院議員に当選した正力松太郎・讀賣新聞社主とCIAは、原子力に好意的な親米世論を形成するため、「平和利用」を強調する世論工作を行った（有馬哲夫『原発・正力・CIA―機密文書で読む昭和裏面史』新潮新書、二〇〇八年）。

を設置）の三法案が、さらに五六年春には科学技術庁（総理府原子力局から改組）や日本原子力研究所（以下、原研という）、原子燃料公社（以下、原燃公社という）の設置法案が相次いで可決された。[*9]

こうした推進体制には財界の意向が強く反映された。通産省の介入を防ぐため、科学技術庁や原子力委員会は総理府の管轄になった。また、初代原子力委員には湯川秀樹ら学者三名も含まれていたが、正力松太郎委員長と経団連の石川一郎という二名の財界出身者が主導した。また、GHQの命令で一度解散させられていた財閥は、占領終了後、銀行主導で企業集団に再編されるが、核となったのは原子力開発事業だった。

なお、米国では七〇年代後半から原発の経済性が揺らぎ、七九年のスリーマイル島原発事故以降は国内の原発発注が皆無となる。米国の原子力産業は停滞し、二〇〇〇年代に東芝や日立など日本企業との統合を強めることになる。

*9　吉岡斉『原子力の社会史—その日本的展開〔新版〕』朝日新聞社、二〇一一年。

◉官民の原子力複合体の形成

政府が早くから、成果の保障されない基礎研究を省き、外国技術の導入を選択したため、電力業界は原子力事業に積極的になった。原研はもともと、日米原子力研究協定に基づいて米国から研究炉を導入する受け皿として設立された。また原子力委員会は、五七年に正力委員長の主導で、英国からの原子炉導入を決定した。これは初の商業用原子炉、東海原発として、六六年に運転を開始する。その事業主体をめぐって論争が起きたが、通産省系の準国営電力会社・電源開発株式会社が二割、電力業界などが八割を出資し、日本原子力発電を設立することで決着した。その後、電力会社が安価な海外ウランの開発や輸入に乗り出すと、原燃公社は廃止され、原研も労使紛争をきっかけに研究開発の権限が縮小された。代わりに六七年、新型炉や核燃料・核廃棄物に関する研究開発を担当する特殊法人として、動燃（動力炉・核燃料開発事業団）が設立された。

一九六〇年代に電力業界が米国型軽水炉の発注に乗り出す頃には、反公害・反原発運動の活発化や石油危機を機に、電力業界と通産省の関係は密接となる。とくに総括原価方式[*10]に基づく電気料金制度の確立は、莫大な設備投資を経費として消費者に負担させることを可能にした。原子力産業もＢＷＲ（沸騰水型）・ＰＷＲ（加圧水型）の二種の軽水炉技術を米国企業から導入する三グループ（東京原子力＝日立、日本原子力＝東芝、三菱）と、新型炉や核燃料加工にのみ関与する二グループ（第一原子力＝富士、住友）の併存が政府によって保障された。

電力会社と通産省の関係が緊密化するにつれ、原子力政策に対する通産省の権限は次第に強まっていく。六五年に設置された通産省の諮問機関である総合エネルギー調査会は、原子力委員会よりも強い影響力を行使した。また、石油危機勃発前の七三年には資源エネルギー庁が設置され、通産省の原子力行政の大部分を

＊10　総括原価方式とは、電気料金を算定する際、電力会社の営業費用（発電所建設費などの資本費や燃料費、維持費など）と報酬部分をあわせて原価とする方式のこと。報酬部分は資本費の定率とするので、大型発電所を建てるほど儲かる。また、広告費や寄付金も営業費用に算入することで、原子力の広報費用や地元への利益供与の資金を捻出できた。停止中でも原発は多額の維持費がかかるが、これも電気料金を通して消費者が負担している。

担当するようになった。七四年の電源三法制定により、立地対策の点でも通産省の権限は強化された。さらに七八年の原子力基本法改正で、商業用原発の許認可権限が科学技術庁から通産省に移管された。

こうした過程で原子力複合体が形成され、政策決定に際しては以下のような利害調整パターンが形成された。①利潤が期待される商業用事業分野（軽水炉）は電力会社が担当し、通産省が制度整備や財政的補助によって採算を保障する。②原子力事業にかかる莫大な費用は電気料金への転嫁や税金により消費者に負担させる。③科学技術庁や動燃、および科学界は核燃料サイクル確立をめざし、国策を追求するが（高速増殖炉ＦＢＲや新型転換炉ＡＴＲの開発、ウラン濃縮工場や再処理工場の建設、プルサーマル＝軽水炉でのプルトニウム燃料の消費）、②に基づく費用負担が保障される限りで産業界は国策に協力する。こうした利害調整の様式は、その後も情勢の変化に応じて再三現れる。

ここで①②に関連して、原子力の「経済性」について触れておこう。原子力発電が安価との根拠にされてきたのが、政府が発表する一ｋＷｈの発電に要する費用である。二〇〇四年に総合資源エネルギー調査会電気事業分科会コスト等検討小委員会は、業界団体の電気事業連合会（電事連）の資料に基づき、原子力は最も安いと発表した。しかしこの数字は実測値ではなく、恣意的な仮定をおいたモデルプランに基づいていた。とりわけ、このモデルには電力会社が発電事業を直接行うための費用（資本費、燃料費、保守費など）しか含まれていないが、発電という行為全体を見ると、国家財政や電気料金を通じて国民が負担している「社会的費用」がある。まず①（高速増殖炉や核燃料サイクルの）技術開発費用、②立地対策費用（電源開発促進税）があるが、どちらも原子力発電を進めるうえで不可欠となっている。大島堅一は、発電に直接かかる費用とこれら政策誘導費用の両方の実績値を調べた結果、原子力は最も高いことを明らかにした。[*11]

しかも、社会的費用はこの程度ですむ保証はない。まず③発電が引き起こす環境破壊により、市民や自治体が負担する環境費用があり、火力なら地球温暖化の対策費用や被害、原発なら事故被害と損害賠償費用、事故収束・廃炉費用などにあたる。しかし、福島の事故は賠償費用だけで一〇兆円を超えることは間違いなく、放射能汚染水を止める目途さえ立たない。さらに④使用済核燃料の再処理や高レベル放射性廃棄物の処分にかかるバックエンド費用も膨大である。二〇〇四年、電事連は約一九兆円という数字を発表したが、やはり計算方法に疑いがある。これも不確実性が高く、費用の計算自体が困難である。ところが、どこまで膨らむか不透明な費用の一部は、すでに電気料金に転嫁されている。[*12]

◉反原発の住民運動の登場と自民党の利益誘導政治

一九六〇年代半ばまでは、工業立地から取り残された地域に道府県知事が原発

＊11　大島堅一『原発のコスト──エネルギー転換への視点』岩波新書、二〇一一年。

＊12　朝日新聞経済部『電気料金はなぜ上がるのか』岩波新書、二〇一三年。それでも福島の事故の後、電気料金の根拠への問い直しが始まった。二〇一一年一〇月、民主党政権は国家戦略会議のもとにコスト等検証委員会を設置し、モデル計算のやり直しを行っている。

を誘致し、市町村の陳情活動も行われた。とくに福島県と福井県には東京電力と関西電力が次々と建設した。それでも一部では反対運動が起こった。六六年には中部電力が三重県南島町と紀勢町にまたがる地区に予定した芦浜原発計画をめぐり、国会議員の視察船を実力で阻止しようとした漁民から数十名の逮捕者を出す事件が起きる。この頃から、政府は地域闘争に国が直接介入すると逆効果になりかねないと認識した。漁業協同組合を中心とする運動は、七四年に放射能漏れを起こす原子力船むつの出港・帰港反対闘争で頂点を迎える。こうした状況に対する原子力複合体の回答が地元への利益誘導の制度化だった。

それまで電力会社は協力金名目の寄付を不定期に地元に供与していた。しかしこれでは不十分とみて、柏崎刈羽原発の予定地を選挙区とする田中角栄通産相（後に首相）が電源三法の制定を主導する。これは、電気料金を通じて消費者から吸い上げた電源開発促進税を原資に電源開発特別会計をつくり、立地自治体に交付金を投入する制度である。事故のリスクを地元が負い、発電による便益を大都市や工業地域が享受する不平等な構造（社会学でいう「受益圏と受苦圏の分離」）を放置したまま、不満をなだめるための制度である。交付金はハコモノ施設の建設用なので、土建業を生業とする地元有力者の支持の確保に役立った。

電源三法は利益誘導政治の典型であるが、中央省庁による国策の追求も、これに依存してきた。確かに原発立地の許認可権限は中央政府に集中しており、個別の原発建設計画は首相を議長とする電源開発調整審議会（以下、電調審という）の承認を受ける必要がある。[*13] しかし同時に、原発立地には地権者や漁業協同組合の協力が必要となる。電調審の承認を受けるため、電力会社は①漁業権放棄をめぐる漁業協同組合との補償交渉、②土地買収をめぐる地権者との交渉の完了、③道府県知事の同意の確保を求められる。地元は保守政権下で保護されてきた土地所有権や漁業権を切り札にしてきた。

ただし、電源三法の導入にもかかわらず、電力会社による公然・非公然の協力金はその後も横行し（福島へのサッカー場Jヴィレッジの寄付など）、漁業補償額も高騰した。七九年に妥結した東北電力女川原発一号機の漁業補償額は九八億三千万円だった。七〇年代後半からは自治省が、「法定外普通税」として「核燃料税」を電力会社から徴収することを道府県に認めた。また八〇年には電源三法が改正され、電源多様化政策という看板のもと、動燃の高速増殖炉開発を中心とする原子力開発の資金捻出という新たな政策目的が加えられた。

＊13　電調審は二〇〇一年に廃止され、経済産業省の諮問機関、総合資源エネルギー調査会の電源開発分科会が機能を引き継いだ。これに伴い、個々の原発建設計画を盛り込む電源開発基本計画は、首相ではなく経済産業相が承認することになった。これで旧通産省は、電源立地政策と原子力政策、エネルギー政策を公式に一手に掌握した。

二　保革対立下の原水爆禁止運動と反原発運動

◉保革対立の政治

保守対革新という戦後政治の基本的対立軸は、日米安保条約と日本国憲法に対する異なる評価に基づいていた。保守勢力は占領下で「押しつけられた」憲法を否定し、戦前回帰をめざす一方、米国との反共軍事同盟の強化を図った。また革新勢力は、自由民主主義的な新憲法に象徴される戦後改革に忠実である一方、共産主義諸国との和解を志向した。保守を代表する自民党は財界の支援と地方自営層を基盤としたのに対し、革新を代表する社会党・総評、および共産党は産業労働者や公務員を基盤としていた。しかし革新勢力の正統性は、より幅広い社会層を巻き込んだ戦後の民主化・平和運動によって高まった。その頂点は、六〇年の日米安保条約改定反対闘争である。戦争の記憶がまだ新しく、軍国主義への逆戻りと、米ソ間の戦争に巻き込まれることを懸念する国民感情が、数百万の市民や学生、労組を動員する「国民運動」を生み出した。

自民党は、岸首相の退陣後、改憲路線を棚上げし、経済成長中心主義へ転換した。一方、革新勢力は、経済闘争における労働側の敗北と、占領軍に課された公務員の争議権への制限ゆえに、一層政治闘争に傾斜し、護憲・平和運動を支えた。こうした自民党政権と革新勢力との緊張関係は、国家権力の暴走に一定の歯止めをかけたといえる。

◉原水爆禁止運動から反原発運動へ

一九五四年三月の第五福竜丸被爆事件を機に、米軍の水爆実験による放射能汚染が大きな問題となり、原水爆禁止運動が台頭した。三千万人の署名を集めた「国民運動」には婦人会や青年団、町内会など伝統的な団体や自治体も関与した。しかし、その勢いを取り込もうとして各政党ブロックは争い、運動は分裂していった。まず六一年、民社党や系列労組が核兵器禁止平和建設国民会議（核禁会議）を、また社会党や総評なども六五年、原水爆禁止日本国民会議（以下、原水禁という）を結成した。その結果、原水爆禁止日本協議会（以下、原水協という。五五年結成）には共産党系のみが残った。このうち社会党・総評系の原水禁のみが明確に反原発の立場をとるようになる。そのきっかけは、ヴェトナム戦争が激化するなか、米軍の原子力艦船が日本の港湾を使用した際に、放射能汚染が見つかったことだった。そこで原水禁は反原発運動が、公害反対運動と反戦・反基地運動をつなぐ大衆運動の可能性をもつものと理解したのである。*14

社会党は七二年、運動方針に反原発闘争を採用し、総評と共に住民運動を支援した。また、原子力船むつの放射能漏れ事故や石油危機を理由にした電気料金値上げを契機に、大都市でも反原発の市民運動が、消費者や反公害の運動、科学者や弁護士、原水禁の連携から形成された。原水禁の後押しで七五年に「原子力資料情報室」が発足したほか、共産党系の日本科学者会議も原子力開発のあり方を批判した。さらに護憲派の弁護士が支えた裁判闘争は、司法消極主義の裁判所に阻まれたとはいえ、原発批判論の確立に寄与した。

*14 本田宏『脱原子力の運動と政治―日本のエネルギー政策の転換は可能か』北海道大学図書刊行会、二〇〇五年。

七〇年代の「保革伯仲」も運動に追い風となった。大都市では革新自治体が台頭し、中央では田中角栄がロッキード事件で逮捕され、自民党からは離党者が出て新自由クラブが結成された。そうしたなか、原子力船むつの放射能漏れ事故を批判され、政府は行政懇談会の答申に基づく原子力行政の改革を行った。しかし、新設の原子力安全委員会は許認可権限を与えられず、原子力の推進部門と安全規制部門も分離されなかった。また、原子炉の新増設に際して、電調審の前後に二回の公開ヒアリングが通産省と原子力安全委員会の主催で開かれたが、これも立地を前提にした儀式にすぎなかった。電力業界の意向を受けた通産省は、環境庁が推進した環境アセスメント法案の国会審議を阻止した。

革新勢力が住民運動を支援しても、保守の強い多くの地域では立地を止められなかった。ただし、北海道のように官公労が例外的に強力な基盤をもっていた地域では、一定の成果を上げることもあった。たとえば、八〇年代に社会党の横路孝弘北海道知事は、高レベル核廃棄物貯蔵工学センター建設計画を拒否した。*15 八九年には泊原発運転開始に関する道民投票条例の制定を求めて九〇万人の署名が集まり、以来、自治労（全日本自治体労働組合）を中心とする総評系労組や社会党（後に大半が民主党北海道に転換）、生活クラブ生協に連携関係が生まれた。こうした流れのなかで、市民から寄付金や出資金を募って風力発電所建設をめざす運動も生まれ、二〇〇一年に浜頓別町に日本初の「市民風車」が建設された。

*15　その後、動燃の継承組織、核燃料サイクル開発機構は同じ幌延町に「深地層研究センター」に改称した計画を推進し、二〇〇三年の知事選で自民・公明の推す北海道経済産業局出身の高橋はるみが当選した後、幌延町に「研究センター」が建設されたが、核廃棄物を持ち込まないという覚書はまだ有効である。

中央では野党間に原子力をめぐる対立があり、政権交代によって脱原発政策が実現する見込みはなかった。八六年のチェルノブイリ原発事故[*16]による放射能汚染の程度はヨーロッパに比べて小さく、世論の反応は当初は鈍かった。しかし、翌年輸入食品の汚染が発覚し、高木仁三郎や広瀬隆をはじめとする反原発の論客が全国で講演活動を重ねると、都市の主婦層が生活クラブ生協などを通じて反原発運動に参加するようになった。また社会党は、土井たか子を初の女性党首に選び、原発批判の姿勢も明確にした。八九年の参議院選挙では自民党が過半数割れを起こした。共産党も原子力批判を強め、公明党も慎重姿勢に転じた。

八八年春には、原発の設備過剰を解消する可能性を探ろうと、四国電力が伊方原発の出力調整試験を試みたのに対し、燃料破損や暴走事故を危惧して全国から数千人の市民が高松市の四国電力本社前に集まり、抗議行動を繰り広げた。四月の東京での反原発全国集会には二万人が参加した。市民による放射能の測定や監視を行う自助型の運動も登場した。ロック・グループのRCサクセションは反核・反原発ソングの入ったアルバムの発売を東芝EMIから拒否され、別のレーベルで発売して人気を博した。

これに対し、通産省や科学技術庁、電力業界は、原発推進の世論対策として、多額の広告費を投入したほか、記者クラブや論説・解説委員の取り込みを強化した。それでも電調審が承認する新規原発計画の件数は、八九年から九三年までゼ

＊16　チェルノブイリ原発事故と日本社会の反応については、第4章も参照。

ロとなる。その後八年間でも九基にとどまり、うち三基（大間、上関一・二号）は運転開始にこぎつけるか不透明である。六九年からの四年間に一七基、七八年に六基、八五年からの四年間で九基が承認されたのとは対照的である。

しかし、労働界再編に伴う公務員労組の縮小、冷戦後のマルクス主義の威信低下、自衛隊の対米軍事協力の拡大、政界再編、新自由主義の台頭、組合敵視の言説の浸透、戦争の記憶の風化といった要因から、革新勢力は退潮していく。九四年夏に社会党は、自民党や新党さきがけとの連立政権への参加に伴い、原発容認を表明した。社会党は九六年に党名を社会民主党に変更したが、党内の大半が離党して民主党を結成した。小勢力に転落した社会民主党は脱原発路線を強めたものの、党勢回復には至っていない。

三　企業社会の政治と原子力問題

◉石油危機後の労働界再編と原子力

一九七四年の第一次石油危機後、財界は、賃上げ抑制や人員整理に協力した企業別労組を称賛した。大企業の労使の協調関係が強まる一方、官公労との対立が前面に出てくる。官公労の主力だった公労協（国鉄労組など）は七五年一一月、米軍統治下の政令で奪われた公共企業体労働者の争議権の奪回を目標としてストに踏み切るが、世論の非難を浴びる。これ以降、労働運動の主導権は民間大企業の労組が握り、七六年一〇月には総評・同盟を横断するかたちで政策推進労組会議を結成し、労働界再編を主導していく。

さらに、七九年から革新自治体の凋落が始まる。また、八〇年衆参同日選挙では自民党が大勝する。第二次石油危機後の緊縮財政下で鈴木善幸内閣が設置した第二次臨時行政調査会は、新自由主義的な行政改革を打ち出す。その後の中曽根康弘内閣は、総評の弱体化も狙いとして、国鉄を含む三公社の民営化と公務部門全体の削減を推進した。

政界では、共産党も含む全野党の共闘を主張する社会党左派の影響力が八〇年以降弱まり、公明党をはさんだ民社党との連携を主張する社会党右派が存在感を強める。社会党はマルクス主義的な路線に代わり、八六年に社会民主主義的な現実路線を打ち出すが、社会党右派はさらに、党の反原発政策を覆そうとし、党内左派と対立を続けた。

労働界再編も進み、八七年には民間企業労組が先行して合流し、さらに八九年に官公労も合流して、「連合」（日本労働組合総連合会）が発足する。その過程で、労働界再編や国鉄分割民営化をめぐり、日教組や自治労、および国鉄の組合は分裂した。共産党系少数派は八九年、全国労働組合総連合（全労連）を結成した。

労働界は原子力についても対立した。電労連は七〇年代半ば以降、経営側の原発推進路線を無条件に支持し、被曝労働の下請け化を容認する。電力労働者の絶対的少数派は全電力（全日本電力労働組合協議会）を結成し、総評に加盟する。主力の中国電産は七八年、山口県豊北町への原発建設計画に反対して、日本初の反原発ストを打った。総評内の共産党系少数派として原研労組は、原子力技術を原理的に肯定しつつも職場への監視や対米依存型の原子力政策を批判した。原発下請け労働者は八一年に初めて労働組合を結成した（総評系）。ただし末端に位置する下請け労働者の立場は弱く、組織化は広がらなかった。[*17]

政策推進労組会議を主導した電機労連（中立労連系）や電力労連（同盟系）は、造船重機労連（同盟系）とともに七四年、原子力推進団体として三労連原子力問題研究会議を結成した。一方、原子炉の新増設に際して導入された公開ヒアリングが八〇年から全国の原発計画で順次開始されると、総評は阻止闘争に動員をかけた。

連合の発足後も、原発のように意見が対立する課題をめぐって総評系と同盟系の亀裂は残った。[*18] 連合は政界再編にも積極的に介入した。参議院選挙に組織候補を直接立候補させたほか、野党結集を後押しした。電機労連（電機連合）や電力総連は、九〇年代には社会党、また二〇〇〇年代には民主党の候補者に対し、野党結集や原子力への支持を選挙支援の条件にする。この「選別推薦」は、社会党左派の弱体化を加速した。

＊17　本田宏「原子力問題と労働運動・政党―その歴史的展開」大原社会問題研究所編『日本労働年鑑』二〇一二年、第八二集。

＊18　連合は福島第一原発事故の直前に原発推進政策を明確にしたが、原発事故後、この政策を凍結している。

◉財界主導の政治改革から政権交代へ

一九八〇年代以降、財界は、利益誘導政治における財政負担や相次ぐ汚職事件のために、自民党長期政権への懸念を深めた。日米貿易摩擦とバブル経済崩壊を踏まえ、輸出主導型経済を続けるため、日本の農産物市場の開放や都市の中小自営層への利益供与（大規模小売店舗法など）の廃止を求める。[*19] 財界はまた、冷戦終結後に米国が強力に推進する新自由主義のもと、企業の多国籍化を進め、日本の政治経済システムの再編も要求した。

財界はまず農村部を過剰に代表してきた中選挙区制の変更と、新たな保守政党の結成に肩入れする。東電社長から経団連会長に就任した平岩外四は、自民党に対する政治献金を九四年から廃止する。平岩はまた、非自民・非共産の八党派連立政権を支持し、細川護熙首相に新自由主義的な規制緩和を提言した。細川政権下で導入された小選挙区比例代表並立制は、小選挙区の比重が高く、比例代表も一一の地方ブロックに小分けされたため、中小政党の淘汰を促した。[*20]

また、村山内閣から社会党・さきがけとの連立の枠組みを引き継いで九六年に発足する橋本龍太郎内閣（後に自民党単独政権）は、経団連の後押しを受け、規制緩和や企業負担軽減、「小さな政府」を志向する「六大改革」を打ち出した。とくに中央省庁再編[*21]と内閣・首相の指導力強化、経済財政諮問会議[*22]の設置は、その後の政権で実施に移されていった。ただし、橋本内閣に続く小渕・森政権から自

＊19　渡辺雅男『階級政治！——日本の政治的危機はいかにして生まれたか』昭和堂、二〇〇九年。

＊20　衆議院の中選挙区制は、定数三～五の大選挙区なのに有権者は一票しか行使できない単記式である。大政党の候補者がそれぞれ派閥の支援を受けて同一選挙区で戦うため、政策の違いよりも具体的な利益の提供を競うことになり、政治腐敗の温床とみられていた。

＊21　縦割り行政の改善や行政の簡素化・効率化を図ることなどを目的とした中央行政組織の再編統合のこと。二〇〇一年に、それまでの一府二二省庁から一府一二省庁になった。

＊22　経済財政政策に関し、内閣総理大臣のリーダーシップを発揮するために、二〇〇一年一月に内閣府に設置された。財界代表や財界寄りの学者がそこで新自由主義的改革

民党は公明党と連立を組むが、不況対策である公共事業の予算拡大によって財政の急激な悪化を招いた。その後、首相の人気により自民党を復活させた小泉純一郎政権は、医療サービスや地方への補助金の削減、各種規制緩和など、新自由主義改革を推し進め、とくに郵政民営化によって橋本派（旧田中派）の基盤である全国特定郵便局長会（地方自営層）を切り捨てた。これは大都市の浮動票に重点を移し、公明党との連携で都市の自営・労働者層の支持を補完する戦略だったが、自民党政権の基盤を掘り崩し、二〇〇七年参議院選挙と二〇〇九年衆議院選挙での自民党敗北の一因となった。

一方、小沢一郎の新生党や細川護熙の日本新党、公明党、民社党などは九四年に新進党を結成したが伸び悩み、九七年には解党する。これに代わって、社会党右派や新党さきがけ（九三年に自民党から分裂）を中心に九六年に民主党が結成され、九八年には新進党の議員などを吸収した。その過程で旧社会党系や官公労出身の議員の影響力が低下する一方、松下政経塾（七九年設立）の卒業生が日本新党などを経由して流入し、旧民社党・同盟系労組出身者とともに影響力を高め、民主党内の原子力推進勢力を形成した。

民主党にはさらに二〇〇三年、小沢一郎の自由党が合流した。やがて民主党代表となった小沢は、地方自営層（特定郵便局長、医師会、農協）に支持層を広げた。二〇〇九年秋に誕生した民主党政権は、社民党や国民新党（郵政民営化反対のため

の作成を主導し、政府の政策の原案となった。

自民党を離党）と連立を組み、自民党長期政権下で硬直化していた省庁の予算配分の見直しや公共事業の縮小、社会保障の拡充、外交密約文書の公開、沖縄米軍基地の縮小を試みた。しかし、小沢の政治資金問題への検察の介入や、民主党の政策に対する財界からの批判、批判的な報道によって、党内抗争が激化し、結果的に原発の輸出や法人税減税・消費増税、環太平洋パートナーシップ協定（ＴＰＰ）推進など、財界寄りの主張をする勢力が主導権を握った。

四　新しい対立の構図

◉核燃料サイクル政策の論理

原子力利用全体の維持のため、中央政府が国民負担と引き換えに国策への協力を電力会社に求め、立地自治体には補償するという構図は、核燃料サイクル政策で顕著にみられる。原子力利用は、発電の前後に、ウラン鉱採掘に始まり核燃料を製造する上流と、発電後に使用済核燃料を処理処分するバックエンドの諸段階を必要とする。このうち、再処理という段階で、使用済核燃料からわずかなプルトニウムを回収し、再利用することを核燃料サイクルという。その究極的な目標は高速増殖炉（ＦＢＲ）での再利用である。

世界的に標準的な軽水炉は有限なウランを燃料とするので、これだけでは他のエネルギー源より優位とはいえない。[*23] そこで原子力利用を正統化するために掲げられてきたのが、ＦＢＲである。しかし、ＦＢＲは現実的には技術的困難が多く、安全確保のために多額の追加費用が必要になり、強い反対運動も起きたため、欧米諸国は軒並みＦＢＲ開発からの撤退を余儀なくされた。[*24]

日本でもＦＢＲ開発は低迷を続けてきたが、公式には放棄されていない。この究極目標を放棄すると、燃料となるプルトニウムを抽出する再処理工場の存在意義も揺らぐからである。再処理は、原発で数年間使用した後の核燃料から「燃え残った」微量のウランとプルトニウムを取り出し、残りの大部分を高レベル放射性廃液として最終処分に回す工程である。この工程は数年の時間を要することから、原発敷地内の貯蔵所からあふれる使用済核燃料の一時保管場所として利用されているのが実態である。ところがＦＢＲ開発が不要となると、再処理の工程も不要となり、使用済核燃料の行き場がなくなる。しかも青森県は、核廃棄物の最終処分場にはしないという覚書を条件に、全国の原発から出た使用済核燃料の中間貯蔵と再処理工場の建設を六ケ所村に受け入れている。[*25]

しかし再処理は、原発で使用したために高い放射能を発するようになった核燃料を裁断し、強い酸で溶かすため、有害な放射性の気体や液体を環境に排出する。英仏の再処理工場の周辺では小児白血病が多発している。[*26] 扱う核物質も大量で事故時の危険性も大きい。

＊23　軽水炉は、核分裂性ウラン二三五の比率を三～五％に高めた低濃縮ウラン（残りは非核分裂性のウラン二三八）を燃料とし、核分裂反応を持続させるため、中性子の運動エネルギーを水で減速させる。原子炉を冷却し、熱を電気に交換するのにも水を使う。

＊24　ＦＢＲはウランにプルトニウムを混ぜたＭＯＸ燃料を用い、高速の中性子で核分裂を起こすことで、燃料を使った以上に「増殖」させるという触れ込みの技術だが、増殖実験には成功していない。現代の錬金術である。また液体化させたナトリウムを炉心冷却に使うが、配管破断で水と接触すると爆発し、毒性の強いプルトニウムを大量に放出しかねない。またナトリウムは温めないと固まってしまうので、稼働していなくても維持費が高額である。長年止まったままの「もんじゅ」は一日五〇〇〇万円かかる。

ドイツは九〇年代初めまでに再処理工場の建設やＦＢＲ開発を放棄した。さらに二〇〇〇年の政府と電力会社の脱原発合意に従って英仏への再処理の委託も中止し、プルトニウムの生産を止め、使用済核燃料を再処理せずに直接、核廃棄物として最終処分に回す政策に転換した。これに対し日本は、破綻したＦＢＲ開発と再処理の旗を降ろさず、余ったプルトニウムを通常の原発のウラン燃料に混ぜて無理やり燃やす「プルサーマル計画」という弥縫策を選択したのである。

◉事故・不祥事の頻発と地方からの問い直し

しかし、一九九〇年代後半から、相次ぐ事故や不祥事を機に、原発立地地域から原子力政策の問い直しが始まる。九五年一二月、高速増殖炉もんじゅが冷却材ナトリウムの漏出・火災事故を起こしたが、事業者の動燃による情報隠蔽が発覚し、世論の批判を浴びる。原発が集中する福島・新潟・福井の三県知事は翌月、原子力政策の再検討と国民各界各層との対話を通じた合意形成を政府に提言する。九六年八月、新潟県巻町で、東北電力の原発建設計画をめぐる住民投票が実施され、原発反対が多数となり、原発計画は頓挫する。九七年三月には、東海村の再処理工場で火災と爆発が起き、動燃の情報隠蔽が再び明るみに出る。

当時の橋本政権は、円卓会議の設置や情報公開の拡大、環境アセスメント法制化などを打ち出したが、政策決定過程に反映されたわけではなく、自民党が復調

＊25　六ケ所村では九九年に再処理工場内の使用済み核燃料貯蔵プールが操業を開始したが、再処理工場本体はトラブルの多発で操業開始が再三延期されている。

＊26　グリーンピース・ジャパン『核の再処理が子供たちをおそう―フランスからの警告』創史社、二〇〇一年。

すると、従来の原子力政策に回帰した。東海村再処理工場の火災の後も、動燃が核燃料サイクル開発機構に再編されただけだった。また中央省庁再編の過程で、省に昇格する環境庁に放射線監視権限が与えられたものの、文部科学省に統合される科学技術庁の許認可権限の大半は、通商産業省を強力にした経済産業省に移され、そのもとに安全規制を担当する原子力安全・保安院が設置された。原子力行政における「推進」と「安全規制」を担う組織はまたしても分離されなかった。

九九年九月には核燃料加工会社ＪＣＯで臨界事故が起き、作業員二名が死亡し、住民など数百人が被曝した。同じ頃、英国核燃料会社による日本向けプルトニウム・ウラン混合（ＭＯＸ）燃料の検査データ捏造も発覚する。二〇〇一年五月には刈羽村で柏崎刈羽原発でのプルサーマル実施に関する住民投票が行われ、反対票が多数を占めた。

二〇〇二年八月には、各地の原発でのトラブル隠蔽が明るみに出て、東京電力と中部電力では原発の全号機が再点検のため停止を余儀なくされる。福島県や新潟県の知事はプルサーマル受け入れを撤回し、とくに佐藤栄佐久福島県知事は国の原発政策を再検討する委員会を設置した。[*27] また、電力市場の自由化を求める声が自民党内からも出始めた。超党派の自然エネルギー促進法議員連盟も結成された。さらに二〇〇三年一月、名古屋高裁金沢支部が「もんじゅ」に関して、設置許可を日本の原発訴訟史上初めて取り消す判決を下した。二〇〇四年一〇月には

＊27　佐藤栄佐久『福島原発の真実』平凡社新書、二〇一一年。佐藤栄佐久知事は、二〇〇六年九月、県発注の土木工事をめぐる談合事件で実弟や元県幹部らが東京地検特捜部に逮捕されたことを受け、辞職し、自らも一〇月に収賄容疑で東京地検特捜部に逮捕された。民主党政権誕生から間もない二〇〇九年一〇月、二審の東京高裁は、佐藤前知事に執行猶予付きの有罪としながらも「収賄額ゼロ」と認定する前代未聞の判決を下した。「国策捜査」が指摘される所以である。

原子力委員会の新長期計画策定会議が、使用済核燃料の再処理に莫大な費用がかかり、直接最終処分をした方が安いことを認めた。しかし原発推進派は巻き返し、二〇〇〇年一二月には利益誘導を拡大する「原子力発電施設等立地地域の振興に関する特別措置法」が国会で可決された。原子力委員会も結局二〇〇四年一一月、再処理の継続を決めた。もんじゅ判決も二〇〇五年五月、最高裁に覆された。

その間、阪神・淡路大震災以来、原発の耐震性に疑問が広がってきていた。二〇〇六年三月、金沢地裁が志賀原発二号機の運転中止を命ずる判決を出した（後に上級審に覆される）。二〇〇七年七月の中越地震では柏崎刈羽原発で火災や放射能漏れが発生した。大都市に近く、東海地震の震源域にあるとみられた浜岡原発の停止を求める訴訟も起こされた。

◉福島第一原発事故後

福島第一原発事故は、電力会社が事故への備えを欠いたまま原発を運転してきた現実とともに、原子力安全委員会や原子力安全・保安院の機能不全を露呈させた。文部科学省や福島県は事故時の放射能拡散予測のデータを公開しなかった。平時の二〇倍もの放射線基準値を子どもにも強要する文部科学省の決定や、放射能の拡散につながる瓦礫の広域処理に固執した環境省の方針も、強い反発を受けた。経営破綻状態の東京電力を救済するスキームは、金融機関や株主の責任を問わず、消費者・国民に負担させるものだった。

事故対応能力の欠陥の原因は過去の原子力政策にあり、その最大の責任者は自民党政権や経済産業省だったはずだが、事故時の政権党として責任を負うべき民主党の対応も混乱をきわめた。民主党はかねてから通商産業省や科学技術庁の規制部門を一元化する規制組織の設置を提案しており、自然エネルギー電力の全量買い取り制度を謳っていた。しかし政権につくと、原発輸出を成長戦略に位置づけた。それでも福島原発事故後、菅直人政権は二〇一一年八月、「自然エネルギー電力固定価格買い取り法」を実現させた。また野田佳彦政権も「原発事故子ども・被災者支援法」と「原子力規制委員会設置法」を実現し（二〇一二年六月）、「二〇三〇年代に原発ゼロ」政策を表明した。これらの制度や政策は、政権交代後も原発の再稼働の歯止めになっている。また、関電大飯原発の再稼働の方針に反発した官邸前デモ[*28]の拡大に直面してではあるが、野田政権が新たな手法で国民の合意形成を図ったことも評価できる。しかし党内原発推進派の抵抗により、民主党は脱原発への明確な転換ができないまま、二〇一二年総選挙では大きな打撃を被った。

＊28　第4章参照。

おわりに

過去の歴史を俯瞰すると、原子力開発の出発時には与野党間に「平和利用」の合意があったが、やがて自民党長期政権は日米同盟に担保された原子力開発を推進し、万年野党の社会党は反原発運動を支援する構図が確立した。その後、自民党に対抗できる政治勢力の結集が図られるなかで、原子力推進派の大企業労使連合に基盤をおく民社党や系列労組、自民党の一部が労働界や政界の再編を主導し、後の民主党の方向性を決定づけた。ただし、原子力政策の遂行には電源三法のような地方への補償が必要とされ、これは九〇年代後半以降、事故や不祥事が多発するなかで揺らいでいった。しかし、福島原発事故を経験した現在でも官界・財界優位の政治構造は根強く、自民・公明政権の原子力推進姿勢は公式には揺らいでいない。もっとも最近、元首相の小泉純一郎が脱原発を唱え始めている。

二〇一四年二月の東京都知事選挙には、小泉の支援を受けた細川元首相が脱原発を掲げて立候補した。しかし、脱原発運動も分裂状態になった。実際の投票では、自民党・公明党などの指示を受けた舛添要一元厚生労働相が当選したほか、貧困問題に取り組んできた弁護士、宇都宮憲児が共産党と社民党の推薦を受け、次点となった。細川は最終的に民主党や生活の党の支援を受けたものの、僅差で第三位にとどまった。

この選挙結果の教訓は、第一に、脱原発という単一争点に絞った選挙戦はあまり有効でないことである。有権者の投票行動は特定争点のみならず、政党の枠組みへの有権者の全般的支持や政権担当能力への信頼、候補者の人物評価などを判断基準とする。さらに脱原発は、実現時期を問わなければ、すでに有権者の多数派に支持されており、争点になりにくい。とはいえ第二に、脱原発のアプローチとして、それを社会正義の観点から捉える層と、市場原理を通じたエネルギー政策の転換を追及する層の二つが明確化してきた。[*29] 第三に、民主党の失敗に学ぶことが必要である。民主党は、自民党政権に代わることだけを一致点に政権獲得を成し遂げたが、政策の実施段階になると、その支持団体や議員相互の利害や価値観の対立を調整する仕組みをもたなかったことがあだになった。脱原発には、少なくとも二つのアプローチがあることを認めたうえで、透明性のある交渉によって互いの違いを調整し、連携する道を探ることが大事である。

【より理解を深めるための文献】

高木仁三郎『原子力神話からの解放』講談社α文庫、二〇一一年

原子力開発にかかわる科学者だった著者は、やがて疑問を抱き、「原子力資料情報室」を立ち上げ、市民のための科学を追求した。多数の著作があるが、本書は最もわかりや

＊29 自治体も原発をめぐって割れている。福島原発事故後の三年間で、全国の自治体（一七四二）のうち四五五の県や市町村議会が、「脱原発」を求める意見書を採択し、国会に提出している（『朝日新聞』二〇一四年一月一九日）。都道府県別では、泊原発がある北海道が五四自治体と最も多いのを別とすれば、原発の立地県に隣り合う府県で「脱原発」の意見書が多い（長野二六、山形二五、栃木二二、高知二三、福岡一八、京都一七、鳥取一五、埼玉一五）。逆に立地県は多い県と少ない県とに二分された（青森一、宮城一二、福島一一、茨城一九、新潟八、石川五、福井二、静岡一五、島根二、愛媛三、佐賀二、鹿児島一）。

すい。

大島堅一『原発のコスト―エネルギー転換への視点』岩波新書、二〇一一年
　原発には社会全体からみて経済合理性がないこと、原発事故は生活という金銭では補償が困難な被害をもたらすことを指摘し、原発事故後の改革課題の輪郭を描く良書。

本田宏・堀江孝司『脱原発の比較政治学』法政大学出版局、二〇一四年
　手前味噌で恐縮だが、日本の政治学が原発問題に取り組んだ数少ない成果であり、諸外国との比較も行っている。なお、その第四章は本章の記述と一部重なっている。

3 ポスト・フクシマ時代の政党と選挙

はじめに

政党は二〇世紀の遺物になってしまうのではないか。少々大げさに聞こえるかもしれないが、これはさほど現実離れした話でもないように思える。実際、二〇世紀の終わりから、多くの政治学者が「政党の危機」を論じてきた。日本を含むほとんどの先進民主主義国でこの時期、政党への帰属意識が低下し、特定の政党への支持をもたないいわゆる無党派層が増大したのである。なかでも重要なのは、有権者（市民）と政党とのつながり（専門用語では、「連けい（リンケージ）」という）が弱くなりつつあることである。

政党は、市民と議会・政府とをつなぐ連けい機能を有しており、その連けいが弱まりつつあるということは、代議制（間接）民主主義の中心的役割を担ってきた政党の正統性が疑われることにもなりかねない。実際、政党や選挙といった政治の公式な制度に対する市民の不信感は増大してきており、政治家に対する信頼に至っては絶望的といってもよい。たとえば、アメリカとＥＵにおける公的な諸機関への信頼度の調査では、政党に対して信頼しないと答えた人の割合は信頼すると答えた人と比べて、アメリカで六九ポイント、ＥＵで六三ポイントも多い。同様に、政府に対してはアメリカで二八ポイント、ＥＵで三五ポイント、議会に対してはアメリカで三四ポイント、ＥＵで二五ポイントも信頼しない人の割合が多い。一部の先進国では、民主主義そのものに対する信頼すらも薄れてきている。政党の危機は民主主義の危機ともいえる。

日本でも、「五五年体制」が終焉を迎えた一九九三年以降、政党は離合集散を頻繁に繰り返し、無党派層の割合はどの政党の支持率よりも多くなった。他の先進国と同様、政党支持の減少と公式な政治制度への不信感は、それまでも進行してきていたが、これ以後、急速に加速してきた。たとえば二〇一〇年の調査では、「ふつうの市民は政府に対して左右する力はない」と考える人が六七％、「国会議員は当選したら国民のことを考えない」と答えた人に至っては七一％にのぼった。同時に、長期にわたる不況とデフレ経済、いわゆる「失われた一〇年／二〇年」が続き、経済・社会・生活への不安が政治への不満をさらに増幅させてきた。

そして二〇一一年三月一一日。まだリーマン・ショックからの回復途上であった日本を、東日本大震災と東京電力福島第一原子力発電所の事故が襲った。震災と津波の甚大な被害からの復興は、政府の対応が遅々としながらも、数多くのボランティアや地元住民の懸命な努力によって復興の兆しがみえつつある。ところがその一方で、福島第一原発事故の収束は、首相による収束宣言にもかかわらず、解決策のみえない放射能汚染水問題や今後数十年かかるといわれる廃炉の問題など、いまだ道半ばである。加えて、原発政策を遂行してきた政府の責任は不明確で、にもかかわらず政府は原発の再稼働を進めようとしている。このことが、現在の日本の政治のあり方に突きつけた問題はきわめて深刻で、それゆえまた一歩、日本の政治システムへの不信が深まっている。

本章では、政党および選挙といった制度面に焦点を絞り、先進国における政党政治の変化を踏まえ、日本の選挙制度の抱える問題とこれからのあり方を検討する。最初に先進民主主義国と日本における政党政治の問題、とくに政党と有権者が離れて（乖離して）いる現状を概観し、次にこうした政党政治の抱える問題を踏まえて、現在の選挙制度が抱えている問題点を指摘し、これからの選挙制度のあり方を考えていくことにする。

一　政党と国民・有権者の乖離

◉「政党の危機」

　これまで多くの政治学者が論じてきた「政党の危機」は、政党と国民ないしは有権者とのつながりが断絶しつつあること、すなわち、両者の乖離という問題に還元できるだろう。日本においても、国民・有権者と政党との乖離は、とくに一九九〇年代以降、顕著にみられるようになった現象である。政党と有権者との関係は、しばしば、市場を介した需要と供給の関係、わかりやすくたとえると客と店との関係になぞらえられて議論されてきた。*1 こうした議論に沿っていうと、必要とされる、あるいは好ましい政策や候補者を提供する政党の側と、政策や政治家を必要あるいは好ましいとする有権者の側と、その双方に乖離の要因が見出される。よって、政党と国民・有権者の乖離の問題には、国民・有権者の側の問題と政党・政治家の側の問題との二つの側面がある。*2 前者は政党への支持や投票率の低下に現れているし、後者は政党の機能低下やプロフェッショナル化といった点にみられる。

＊1　畑山敏夫・平井一臣編『実践の政治学』（法律文化社、二〇一一年）の第Ⅲ章で書いた拙稿「新しい時代の政党」は、政党組織の変化についてとこれからの政党のあり方について、客と店とのたとえを用いて解説した。

＊2　これら二つの側面は、ヘイの言葉を借りると、政党―市民関係の「ディマンド・サイド（需要側）」からの説明と「サプライ・サイド（供給側）」からの説明と言い換えることができる（コリン・ヘイ（吉田徹訳）『政治はなぜ嫌われるのか』岩波書店、二〇一二年）。

◉有権者の政党離れ――ディマンド・サイドからの説明

有権者の政党離れを顕著に示すものとして、まず既存政党への支持の減少が挙げられる。欧米先進国では、かつてはイデオロギー（たとえば、自由主義や社会主義といった）により、または組織加入（たとえば労働組合のような）により固定されていた有権者の政党支持は、ここ二〇年から三〇年で流動化してきたといわれる。これは日本でも例外でなく、「無党派層」と呼ばれ、その動向が注目されてきた。この無党派層は、一九九〇年代に急増して以後、有権者全体の半数近くを占めるようになり、いずれの政党を支持する人たちよりも多くなっている。[*3]

このような、政党への支持減少の原因は様々に分析され研究されてきたが、社会の変化、とりわけ産業構造の変化により工場労働者や農家が減って、労働組合や農民組合を介した旧来の政党支持構造が変わってきたことや、政治的争点の変化、政治そのものへの関心の低下などの原因が挙げられている。そして、こうした無党派層の増大は、彼らが一貫してどの政党も支持しないというのではなく、投票の際に「『そのとき』、『その場』の感覚で投票する政党を選択する」[*4]ため、「そのつど支持層」と呼ぶのがふさわしいという研究者もいる。[*5] いずれにしても、こうした無党派層の動向が選挙の結果を大きく左右し、また政党システムの流動性を促していることは明らかである。

また、特定の政党への支持をもたない有権者のなかには、選挙の際にいずれか

＊3　松本正生『政治意識図説』中公新書、二〇〇一年、四〇頁。

＊4　橋本晃和『無党派層の研究』中央公論新社、二〇〇四年、一一八頁。

＊5　松本正生「無党派時代の終焉」『選挙研究』第二一号、二〇〇六年。

の政党に投票する場合もあるが、支持政党がないために投票そのものを棄権するケースもある。政党への支持や帰属意識だけでなく、選挙を通じた政治参加そのものも衰退しつつあることが指摘されてきた。すなわち、投票率の低下の問題である。投票率の低下は、日本でも、とくに一九九〇年代以降、顕著になってきている問題である。

図表3－1は、戦後の衆議院議員選挙（以下、総選挙）の投票率の推移を表したものである。投票率の変化は各回で多少の増減があるため、このグラフからは全体的なトレンドは読み取りにくい。そこで、一〇年ごとに区切ってその間の投票率の平均を示してみると、**図表3－2**のようになる。これをみると、一九五〇年代から六〇年代にかけて低下し、その後九〇年代以降にかけて急激に低下していることがわかる。さらに、「五五年体制」下の一九五五年から九〇年までの総選挙の平均投票率は七二・三四％だったのに対して、その後の一九九三年から二〇一二年までの平均投票率は六三・六二％と一〇ポイント近く下回っている。このことは、投票率の低下傾向が五五年体制とその後で大きく変化していることを示している。

こうした投票率の低下にはいくつかの原因が考えられる。政治そのものへの無関心や投票したい政党がない（既存政党への不支持）などが、その原因に挙げられる。しかし、有権者の政治ないしは政党離れは、有権者の側にだけ原因があるのだろうか。政治への無関心や不信は、「政党や政治家はそもそも自分の利益しか考えていないのだ」という考えを流布したマスメディアや政治学者にその責任を帰する意見もある。[*6] しかし、有権者の心（関心・支持）を捉えきれなかった政治家や政党の側に、その原因はないのだろうか。[*7]

図表３－１　総選挙の投票率（1946〜2012年）

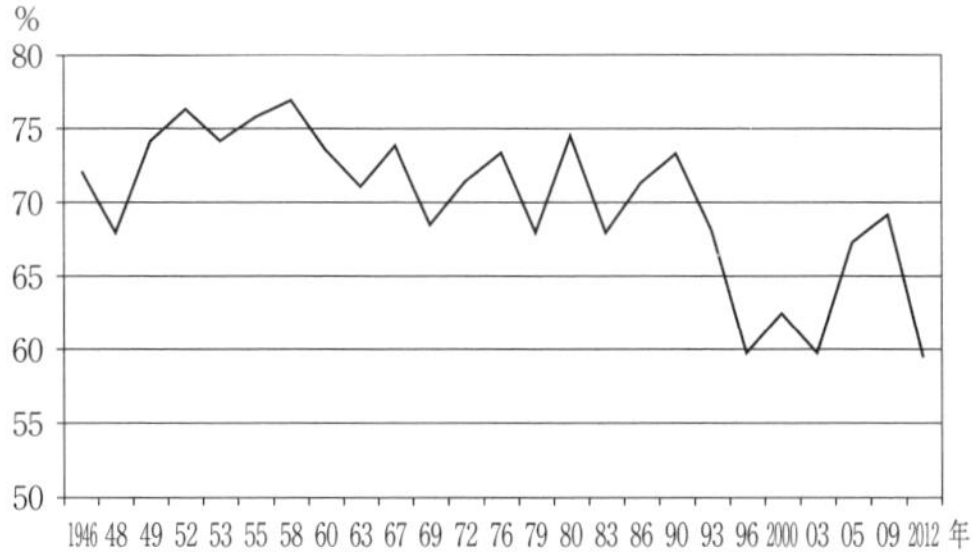

出所：総務省選挙部「目で見る得票率」から筆者作成。

図表３－２　総選挙の10年ごとの平均投票率
（1950〜2000年代）

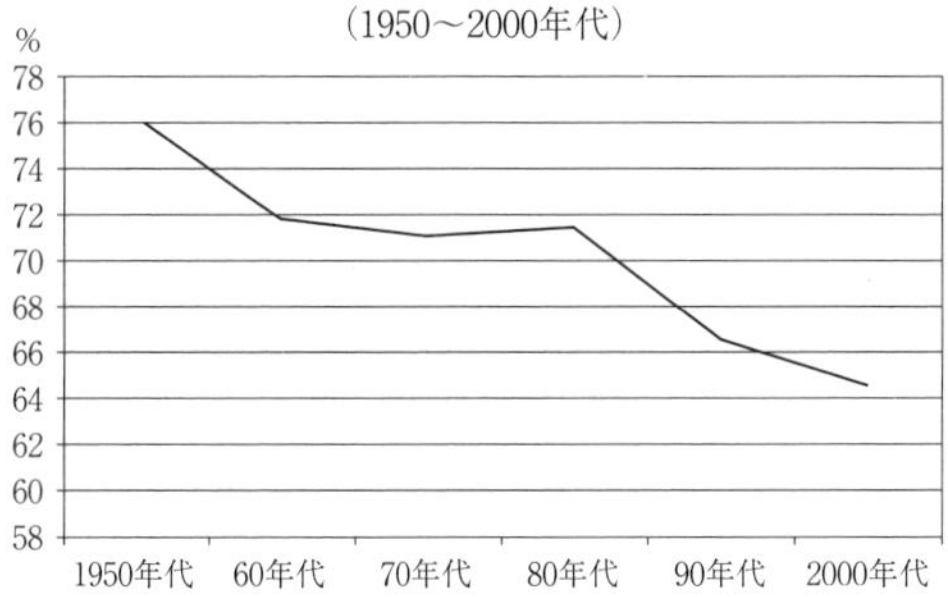

出所：総務省選挙部「目で見る得票率」から筆者作成。

＊６　ヘイの前掲書（＊２）がその一つ。

＊７　私はかつて、政党システム変容を議論する際に、有権者の側の変化だけではなく、政党の側からの有権者への働きかけも考慮する必要があると論じたことがある（金丸裕志「社会の変化と政党システムの変容」出水薫・金丸裕志他編『先進社会の政治学』法律文化社、二〇〇六年、二一一－五二頁）。

図表３－３　「官僚的大衆政党」と「選挙プロフェッショナル政党」

「官僚的大衆政党」	「選挙プロフェッショナル政党」
(a) 官僚制が中心的な役割 (政治的—管理的な任務)	(a) 専門職が中心的な役割 (専門化された任務)
(b) 党員政党 強い垂直的な組織的結合 「帰属意識を持つ有権者」に依拠	(b) 選挙政党 弱い垂直的な組織的結合 「意見にもとづく有権者」に依拠
(c) 党内指導者の卓越 集団指導	(c) 選挙による公的代表の卓越 人格化された指導
(d) 党費と関連組織の活動（協同組合、労働組合など）による財政	(d) 利益団体と公的助成による財政
(e) イデオロギーの強調 党内では信奉者が中心的な役割	(e) 争点と指導者の強調 党内では出世主義者と利益団体の代表が中心的な役割

出所：A・パーネビアンコ（村上信一郎訳）『政党：組織と権力』ミネルヴァ書房、2005年、270頁。

◉政党の有権者離れ——サプライ・サイドからの説明

先進国で政党の機能が低下してきていることは、「政党の危機」の文脈のなかで、多くの研究によって指摘されている。なかでも、政党が選挙での得票および獲得議席を最大化するために、政党がもつ幾つもの機能のうち「代表機能」ないしは「連けい機能」が低下してきていることが指摘されてきた。[*8] なかでもカッツとメアは、選挙での議席獲得を目的に、政党が政党助成金のような国家の資源への依存度を高め、既成政党間での談合・共謀を行うようになり、「カルテル政党」へ変化してきていると指摘した。[*9] この議論で示唆されていることも、政党が国家との結合

＊8　詳細は、拙稿「政党の機能低下と政党政治の変容」（『和洋女子大学紀要（人文系編）』第四九集、二〇〇九年三月、六九〜九一頁）を参照。

＊9　Katz, Richard S. and Mair, Peter, 1995, "Changing Models of Party Organization and Party Democracy: The Emergence of Cartel Party," *Party Politics*, Vol.1, No.1, pp. 5-28. また、前出の拙稿「新しい時代の政党」（＊1）は、こうした政党組織の変化についてわかりやすく解説した。

を強くし、既成政党同士の関係を強化することで、政党が市民から乖離してきているということである。

また、パーネビアンコは、デュヴェルジェのいう近代の「官僚制的大衆政党」に対して、近年、選挙での票および議席獲得の目的に特化し、（外部の者も含めた）専門的な知識や技術を有するプロフェッショナルが中心的な役割を担う「選挙プロフェッショナル政党」へと変化してきていることを指摘した。彼によれば、「官僚的大衆政党」と「選挙プロフェッショナル政党」は、図表3－3のような特徴をもつ。つまり、政党と有権者の固定的な関係がなくなり、無党派層が増加して選挙ごとに政党支持を変えるようになることで、政党の方はよりその組織を強化し、専門知識や技術も用いて選挙市場における有権者の動向を探りながら、より多くの票を得るために短期的な争点や指導者のパーソナリティを強調する選挙戦術を用いるようになってきているというわけである。[*10]

日本においては、小泉政権期の自民党にこうした変化がみられる。小泉首相は自身が選出されることになる総裁選で「自民党をぶっ壊す」と強調したが、実際に旧い自民党の組織運営のあり方は小泉総裁の手で「ぶっ壊」され、新しい組織運営へと変化した。小泉自民党は、小泉自身やサプライズ人事で登用した閣僚らのパーソナリティを活用し、二〇〇五年の総選挙では郵政民営化という単一争点を強調することで大勝した。そのなかで大きく変わったのがその広報戦略である

＊10　アンジェロ・パーネビアンコ（村上信一郎訳）『政党』ミネルヴァ書房、二〇〇五年。

といわれ、小泉政権および自民党は、ＰＲ会社と連系し、綿密な広報戦略と戦術に沿って行動した。結果、多数の無党派層の支持を獲得することに成功したのである。[*11] このように、小泉自民党には、「選挙プロフェッショナル政党」としての特徴が数多く見出される。[*12]

　こうした政党組織の機能低下に加えて、一九九三年以降繰り返されてきた、激しい政党の離合集散が、日本においては、政党の有権者からの乖離を加速してきたように思われる。五五年体制の終焉を決定づけ、後の政党の離合集散のきっかけともなった「九三年政変」、すなわち小沢グループの自民党離脱と新生党の結成はその実、「経世会内部の抗争、竹下グループと小沢グループとの主導権争いであった」[*13] といわれているように、近年になって再燃した「政界再編」なるものは、決して有権者や社会の変化を反映したものであるとは思われない。つまり、それは有権者にとって、「永田町」すなわち国会議員コミュニティのなかでの変化にすぎないと理解されているのではなかろうか。

　小選挙区制が導入され、二〇〇三年には民由合併[*14]で、自民・民主の二大政党制になりつつあるようにみえた。しかし、「三・一一」のあと、二〇一二年七月には消費税増税法案をめぐって小沢グループが民主党から離脱し、「国民の生活が第一」を結成、さらに一二月の総選挙を前に、「脱原発」や「反ＴＰＰ」を掲げる嘉田由紀子が結党した「未来の党」へと合流したが、総選挙後に再び分裂して

＊11　小泉内閣で広報戦略を担った世耕弘成参議院議員は、小泉政権でＰＲ会社を活用した広報戦略が功を奏したことを記述している（世耕弘成『プロフェッショナル広報戦略』ゴマブックス、二〇〇六年）。

＊12　二〇〇三年の総選挙では、民主党もアメリカ系のＰＲ会社フライシュマン・ヒラード・ジャパンにその広報戦略を依頼したという（中北浩爾『現代日本の政党デモクラシー』岩波新書、二〇一二年、一三七－一三八頁）。

＊13　野中尚人『自民党政治の終わり』ちくま新書、二〇〇八年、四四頁。

＊14　民由合併（みんゆうがっぺい）とは二〇〇三年に民主党と自由党が合併したことをいう。当時の与党であった自由民主党・公明党に対して、政権交代を実現できる野党の結集をねらい、〇二年に民主党代表の鳩山由紀夫が自由党党首の小沢一郎に合併の

「生活の党」と「日本未来の党」になった。さらに、大阪府知事であった橋下徹が創設した「大阪維新の会」が国政への進出を目論んで、「たちあがれ日本」から改名した「太陽の党」と合流、「日本維新の会」を結成して、二〇一二年総選挙では民主党に匹敵する第三党となるなど、政党の離合集散は近年、再び激しくなりつつある。

申し込みをし、翌年に実現した。

近年の新党結成をみると、消費税や原発政策などの政策をめぐる政党の再編成であることは確かで、それは最近の研究によっても実証されている。[*15] しかし、個別のケースをみると、たとえば小沢が脱原発に積極的であるかどうかは疑問が残るし、消費税については『日本改造計画』で一〇%に引き上げるべきであると明確に主張している。[*16] こうした政策的主張が、現在の民主党とどこまで異なるのか、そして脱原発や反消費税を主張した未来の党と同じであったのかは疑問である。ゆえに、数々の政党の離合集散と「政界再編」は、結局は政局であり、政界での主導権獲得のための方便でしかないのではないかという疑念がもたれ、それは有権者にもある程度共有されているのではないかと思われる。

*15　山本健太郎『政党間移動と政党システム』木鐸社、二〇一〇年。

*16　小沢一郎『日本改造計画』講談社、一九九三年、二一五頁。

このように、有権者の政党離れに対して、政党の側では利益集約・伝達の機能が衰え、選挙での勝利を目標とするプロフェッショナル化が進んでいること、また九〇年代以降の日本の政界再編も社会の変化を反映しているというよりは、政党と政治家の主導権争いの側面が大きいことから、ますます政党は有権者からの乖離の度合いを増してきていることが明らかである。有権者の政党離れの原因には、こうした政党の有権者離れがある。

このような有権者の政党離れは他方で、政党を介さない政治参加、すなわち社会運動やデモを通じての意思表示、パブリックコメントや住民投票を通じての政治決定といった方向へと変化している（第4章を参照）。そのため、政党の連けい機能に関しては、政党以外の組織から挑戦を受けており、こうした政党を介さない市民の意思や利益の表出が、政党の衰退に拍車をかけているとの見方もある。このため、有権者の要求は、もはや政党以外の組織によって、よりよく伝達されており、政党はもはや「古くさい制度」であり、「過去の遺物」と捉えられているとすらいわれている。[*17]

しかし、それでもなお、日本を含めて先進国のすべてが、依然、民主主義の伝統的政治制度を中心に政治を行っている。そして、政党の問題は、選挙制度の問題と密接に結びついている。次の節では、政党政治の問題を踏まえて、現在の日本で選挙制度が抱える問題と今後のあり方について検討することにしたい。

＊17　Ignazi, Piero, "The Crisis of Parties and the Rise of New Political Parties," *Party Politics*, Vol. 2, Oct., 1996, p. 553.

二　選挙の問題

◉比例代表制という方途

二〇〇九年の総選挙をめぐって、いわゆる「一票の格差」が法の下の平等を謳う憲法に違反しているとして各地で行われた裁判で、一三年三月の広島高裁は、違憲かつ選挙無効の判決を下した。すでに二〇一二年一一月の野田総理と安倍自民党総裁との党首討論ののち、「一票の格差」解消をめざして衆議院の定数を削減するという合意がなされていた。総選挙後、自民党の安倍政権に交代し、二〇一三年六月、「〇増五減」の選挙区割法が国会で成立し、「一票の格差」はかろうじて違憲の基準とされる二を下回ったものの、安倍首相が「ゼロから」つくり直すと表明した選挙制度改革の話は、七月の参議院選挙のあと、まったくといってよいほど出てきていない。

「一票の格差」には、確かに法の下の平等の観点から大きな問題がある。しかし、格差是正だけではなく、やはり現行の選挙制度そのものを、今一度、問い直してみる必要があるだろう。その際、選挙制度がもたらす結果から逆算して、新しい制度の是非を論じるのは望ましくない。とりわけ、国会議員や政党が新しい選挙制度を議論するのは、その最大の利害関係者であるがゆえに、自らの利害を優先する議論となる可能性が高く、適切ではない。それは、たとえるなら、受験生に入試制度をつくらせるようなものである。そうでなくても、既成政党は「カルテル」であると指弾され、政治家は自らの利害にのみ関心があると疑念がもたれているのである。したがって、選挙制度改革は第三者機関を中心にして議論されるべきであり、その際には、政党や政治家の利害ではなく、何らかの原則に基づいて新しい制度が模索されるべきである。そこでこの節では、これまで述べてきた政党と有権者の連けいの問題、すなわち政党と有権者の乖離をなくすという原則に基づいて、望ましい選挙制度について考えてみたい。

世界には様々な選挙制度があるが、選挙制度の研究者は通常、これを「多数代表制」と「比例代表制」そしてそれらの複合型とに分けている。これらの様々な選挙制度には、それぞれクセと呼べるような特徴がある。なかでも、最も注目に値するのが、選挙制度によって生じる得票率と議席率との差で、これを政治学者は「比例性」と呼んでいる。たとえば、二〇〇九年と二〇一二年の衆議院選挙の結果についてみてみると、二〇〇九年の総選挙では、民主党が小選挙区と比例代表区とをあわせて四四・九％の得票率で六四・二％の議席を獲得したのに対して、自民党は三二・七％の得票率があったが二四・八％の議席しか得られなかった。次の二〇一二年の総選挙では、自民党が三五・三％の得票率で六一・三％の議席を得たのに対し、民主党は一九・四％の得票率で一一・九％の議席しか獲得できなかった。いずれも、第一党は得票率に対して不釣り合いに多くの議席を獲得し、第二党は逆に不釣り合いに少ない議席しか獲得できなかった。そしてそこに、この二回の総選挙で政権交代をもたらした大量の議席変動（票数の変動ではなく）の原因があったといえる。

多数代表制と比例代表制とがもつクセの最も大きな違いが、この比例性の違いである。比例性つまり得票率と議席率との隔たりを数値化する方法を政治学者は開発し、これを「比例性指数」と呼んでいる。これは、〇から一〇〇までの間の数値で表され、この数字が小さいほど得票率と議席率との差が大きく（比例していない）、一〇〇に近いほどその差が小さい（比例している）ということを示している。この数値を各国で比較してみると、いわゆる小選挙区制の国ではこの数値が小さく、比例代表制の国では大きくなることがわかる。たとえば、的場敏博の試算によると、戦後五〇年間の下院選挙の平均が、小選挙区制の発祥の国であるイギリスでは八七・一、またカナダでは七二・七であるのに対して、大陸ヨーロッパに多い比例代表制の国では、ベルギーで九四・九、スイスが九五・五、ドイツでは九七・四、そしてオーストリアでは九八・二と、きわめて一〇〇に近い数値となっている。[*18]

日本では、この数値が、中選挙区制の時代（一九四七〜九三年）には平均九〇・八であったが、小選挙区制を導入したことに伴い、一九九六年には八一・三、二

＊18　的場敏博『現代政党システムの変容』有斐閣、二〇〇三年、二一〇－二一四頁。

○○○年には七八・六、そして一二年には七三・八になっている。次第にこの数値は小さくなっており、先にみたように、得票率と議席率の差が大きくなりつつあることがわかる。なお、現在の選挙制度は比例代表制も一部含まれているので、小選挙区のみで算出すると六二・四になる。得票率と議席率との差が、諸外国と比べても著しく大きくなっていることがわかる。このように、得票と議席との間に大きな差がつく小選挙区制は、いわゆる「民意の反映」という観点からはあまり望ましくないように思われる。

かつてのようなイデオロギーで大きく分けられる対立軸がなくなって久しく、代わりに、世の中は複雑になり人々の考え方や価値観もますます多様になってきている現代では、いわゆる「民意の反映」を確実に実現できる比例代表制は、より重要性を増しているように思われる。岡沢憲芙は、すでに九〇年代後半に、「多様な利益を強引に二つの鋳型に嵌め込んでしまう二大政党制よりも、多彩な利益を自由に議会過程に噴出させて、動態的な安定を目指す方が、価値観の多様化・流動化の時代には望ましい」と述べ、比例代表制の導入と多党制の実現を主張している。[*19] また、吉田徹も『二大政党制批判論』で、比例代表制が望ましいと論じており、比例代表制を支持する声は政治学者の間でも少なくない。

さらにいうと、価値観や利害が多様になってきているからこそ、二大政党は様々な価値観や政策を包摂するものとならざるをえず、その結果として、政党間の違

＊19　岡沢憲芙『連合政治とは何か』ＮＨＫブックス、一九九七年、二四六頁。

いがあいまいになってきている。そしてその裏返しとして、細かな違いを強調したり、個別の争点に関して対立を強めたり、リーダーや個々の政治家のパーソナルな欠点を攻撃するネガティブ・キャンペーンが政党間競争に取って代わられている。こういった点をみても、小選挙区制によって二大政党に多様な価値観や政策を集約する方向は、現代社会にはそぐわなくなってきている。

これに対して、比例代表制と多党制は、多様な価値観や個別の政策に代表を与える可能性を含んでいる。たとえば二〇一三年七月の参議院選挙で、参院選比例区に緑の党から立候補したミュージシャンの三宅洋平が一七万七千票を集めて注目された。彼は街角につくったステージで音楽と演説を行う「選挙フェス」を行い、その動画をインターネットにあげて、脱原発を中心に訴えた。その結果、ネットを中心に支持が広がって、一七万票を超える支持を獲得した。同様に、脱原発を訴えた山本太郎は、俳優という知名度はありながらも、東京選挙区で四位当選（無所属）を果たしている。今回の参議院選挙では、既成政党のなかで脱原発の主張があまりみられず、争点としてあいまいであったことから、こうした脱原発を掲げた候補が得票を伸ばしたといえる。

現在の自民・民主の二大政党だけでは、こうした脱原発の声が国会に反映されるのは困難であろう。仮に少数であっても、その声が代表される方が望ましく、小選挙区制による少数政党の切り捨ては望ましくない。逆に、比例代表制は、大政党は大政党なりに、小政党は小政党なりに、そして新興勢力や単一争点政党もそれなりに、有権者の支持に応じた議席獲得を可能にするという点で、有権者と政党との連けいを保つことが可能になる選挙制度であるといえよう。

◉比例代表制の問題

このように、乖離しつつある国民・有権者と政党との関係を改善するという原則に基づき、そして社会が複雑化し価値観が多様化している現代の日本やその他の先進国の状況を勘案すると、多様な民意を反映できる比例代表制が、望ましい選挙制度改革の方途であるように思われる。しかし、選挙制度には国民・有権者の代表を選ぶということ以外にも役割がある。それは、多様で複雑な国民・有権者の意見を政治決定の場、具体的には議会や政府に集約するという役割である。そもそも、現代の大規模な国民国家において、一人ひとりが意見を言いあうと何事も決められないことから、代表制というしくみが考えられた。いろいろな人々が、集団が、政党が、あれこれいって何事も決められないのではなく、ある程度それらを集約したうえで、スムーズかつスピーディーに決めていく、「決められる政治」の方が望ましいという考え方にも説得力がある。ここ数年間の「ねじれ国会」で、私たちは「決められない政治」に悩まされてきたが、比例代表制とそれがもたらす多党制は、「決められない政治」を助長するのではないだろうか。

多党制による意見集約の困難、そしてそれによる決定の遅れは、政権形成に際して、さらに深刻な問題となって現れる。日本のような議院内閣制のもとで、議会内に多数の政党が存在し、しかも過半数を占める政党が存在しない場合、政権を形成するにあたって、複数政党による連立が必要となる。多様な理念と政策指向をもつ複数政党間で連立政権を形成することは決して容易ではなく、また仮に成立しても、意見の相違により連立が崩壊に至る可能性がある。かくして、比例代表制と多党制の最大の弱点が、この連立政権とその脆弱性にあるといわれてきた。実際、二〇一〇年六月に行われたベルギーの総選挙では、地域的分断を反映した政党も含めて実に多数の政党が連邦議会で議席を獲得し、連立政権の形成に一年半もの長時間を要した。また、歴史に残る例として、ワイマール憲法下のドイツでは、多数の政党が乱立して政権が不安定となり、その結果（かどうかは必ずしも明らかではないが）、ヒトラーとナチス（国家社会主義ドイツ労働者党）の台頭という二〇世紀民主主義における最大の悪夢をもたらしたこともある。

こうした例が示すように、比例代表制と多党制が抱える意見集約ないし政権形成の困難とそれがもたらす決定の遅れおよび議会政治の不安定化は、比例代表制への痛烈な批判として存在する。しかし実際は、大陸ヨーロッパの国々で長く比例代表制と多党制の議会が機能してきた。ドットは、議院内閣制の十七カ国二七五議会を対象に数量分析を行って、「ここ五〇年間に開かれたすべての平時議会の七五%は多党制議会であり、四〇カ月以上続いた内閣の八〇%はこの多党制議会のもとで生まれた」ことを明らかにし、「連合政権は必然的に不安定であるとはいえない」と結論している。[*20]そして、これらの国々で機能してきた比例代表制と多党制による民主主義を、著名な政治学者であるレイプハルトは「合意民主主義」と呼び、英米型の小選挙区制と二大政党制による「多数決民主主義」に対するモデルとして提唱した。[*21]そこで合意民主主義の二つの大きな要素とされているのが、支持者集団を政党が代表するタテのつながりと、政党ないしは政治家間での協調というヨコのつながりである。

このうち、とりわけ意見集約や連合形成の実現において重要な前提となるのが、政党間ないしは政治家間での協調であり、その前提としての交渉、議論、あるいは最近流行の言葉でいうと「熟議」の必要である。比例代表制と多党制は、少数派を含む多様な意見や利害を国会に反映するしくみとして有効ではある。しかし、それが機能するためには、政党間・政治家間での交渉、議論そして妥協が必要とされる。なぜなら、政党・政治家間での議論や協調ができず、かたくなに妥協を拒否し、対立を深めるようでは、連合政治は実現できないからである。[*22]

私たちは、「三・一一」以後の危機に直面しながらも「決められない」政治が続くことに辟易してきた。「決められる政治」を可能にするリーダーの出現に期待が高まり、ポピュリズムが台頭しつつある現実がそれを表している。[*23]こうした

*20 ローレンス・ドット(岡沢憲芙訳)『連合政権考証』政治広報センター、一九七七年。

*21 アレンド・レイプハルト(粕谷祐子訳)『民主主義対民主主義』勁草書房、二〇〇五年。

*22 「熟議」には、各アクターの選好すなわちあらかじめ持っていた主張や意見を変える作用もある(田村哲樹『熟議の理由』勁草書房、二〇〇八年)。したがって、かたくなに自己の主張に固執するのではなく、議論を通じて妥協することも、その成果の一つといえる。

*23 第5章参照。

状況下で、「決められない政治」を助長しかねない比例代表制に拒否反応があるのももっともである。しかし、実際のところ、「決められない政治」は、小選挙区制と二大政党化のもとで起きた。しかも、「決められない政治」の原因は、そもそも、「ねじれ」ばかりによるものともいいきれない。

すでに五五年体制の時代にも、内閣提出法案の成立率は相対的に（たとえば、同じ議院内閣制のイギリスと比べても）低く、その原因は、国会の限られた会期と会期内に成立しなかった法案は廃案になるという「会期不継続の原則」にあるとされている。[*24] つまり、「決められない政治」の原因は、「ねじれ」そのものよりも、国会の会期と会期不継続の原則にあったといえるのである。「決められない政治」を解消するために参議院廃止論までも出ているが、この点を考慮すると、憲法改正を伴う参議院廃止よりも国会法の改正で行える会期制廃止の方がより有効であるように思われる。そして、十分な時間をかけて政治家・政党同士が議論し合意点を探る「熟議の国会」を実現し、文字どおり国会が「審議する立法府[*25]」となる必要がある。

「ねじれ」状況のもとで、与野党間での連合を形成する試みがかつてなかったわけではない。二〇一〇年七月の参議院選挙の結果、「ねじれ国会」となったことを受けて、「部分（パーシャル）連合」の可能性が模索されたのがその一つである。前にも触れた岡沢は、連合政治が幾つかのレベルで形成される重層的なものであ

＊24　大山礼子『日本の国会』岩波新書、二〇一一年。

＊25　「審議する立法府」は大山・前掲書（＊24）のサブタイトルにもなっている。

ることを指摘する。彼によれば、連合政治は「政権」のレベルに限らず、市民レベルでの「利益の連合」（市民連合）、選挙レベルでの「選挙共闘・選挙協力」（選挙連合）、議会レベルでの「法案別多数派工作」（議会連合）、そして権力レベルでの「政権連合」があるという。[*26]

このように、連合政治は必ずしも連立政権だけをいうものではなく、議会内で個別の法案に対していくつかの政党が連合することもあれば、選挙活動の時点で複数政党が選挙協力をする場合もある。現行の選挙制度下でも「ねじれ」は起こりうる。であれば、多党制のもとで議論と協調による連合政治を実現していくことも同じである。すなわち、小選挙区制下の二大政党制でも、また比例代表制下の多党制においても、いずれにしても、政党間協調は多かれ少なかれ必要なのである。これは容易に慣習化するものではないかもしれないが、下位レベルで連合政治の経験を積み重ねていくなかで、発展していく可能性があるだろう。

逆にいうと、小選挙区制のもとで二大政党制が進んできた現在の日本の政治は、政党・政治家の間での議論、交渉、妥協とは反対に、これらを拒否し、決して妥協しない「ブレない」政治スタイルをよしとする傾向があった。「決められない政治」の原因も、単に「ねじれ」にではなく、結局は与野党が議論し、妥協し、協力することができなかったことにあるのではなかろうか。しかも、そうした協力が「国難」ともいうべき大震災と原発事故に直面したときですらできなかった

＊26　岡沢憲芙『連合政治とは何か』ＮＨＫブックス、一九九七年、二四三頁。

ことは、大いに憂慮すべきことである。いずれにせよ、こうした議論、交渉、妥協を廃した政治は、対立を促進し、最終的な決定は多数決に任せるということなる。こうして決定は市民の手を離れて政治家の手へと移り、その結果、政党や政治家と市民・有権者との乖離をさらに深めることになるのである。

◉政策公約としてのマニフェスト

このように、比例代表制と多党制に基づく「合意民主主義」は、政党・政治家間での協調を必要とする。それは、政権形成においてだけではなく、個々の政策や法案のレベル、そして選挙のレベルでも起こりうる。他方で、「合意民主主義」のもう一つの柱として、有権者と政党とのつながりを実現するのが、比例代表制の選挙制度である。しかし、比例代表制によって多様な主張や利害を国会に反映し、議論と交渉によって各レベルでの連合政治を実現するには、政党と有権者とのつながりを制度化することが必要である。そうでなければ、連合政治は「談合政治」になりかねないからである。そこで必要とされるのが、「マニフェスト」である。これはかつて、政党と有権者との「契約」と呼ばれたように、政党が実現したいと考える政策を有権者に対して明らかにし、それに対する有権者の支持に対して、政党はその実現のための義務と責任を負う。その内容を明文化し、制度化するものがマニフェストである。

民間政治臨調の主査として、そして後に二一世紀臨調の座長ともなって政治改革を指導してきた佐々木毅は、「マニフェスト」を政党改革の一つの重要な「ツール」であるといい、また、「政党政治の精神」の「最大のテストの場」としての総選挙において「不可欠な装置」であると述べている。*27 しかし、民間政治臨調の政治改革は二大政党制と政権交代の実現が目標となっていたため、その「マニフェスト」は「政権公約」と呼ばれた。だが、ここでいうマニフェストは、イデオロギーに基づいた政策志向が決して明確ではなくなった各政党が、仮に脱原発のような単一争点であっても、その主張を明確化し明文化して有権者に問い、そしてその実行責任を負うという性質のものである。これを「マニフェスト」と呼ぶかどうかはともかく、こうして明文化され制度化された政策公約を通じて、政党と有権者の関係を明確にするものが必要である。

また、このように政策を通じた政党と有権者の連けいを実現するためには、ボトムアップでのマニフェスト作成が不可欠になる。実はこれまで、日本の政党のマニフェストが抱える問題としてしばしば指摘されてきたのが、このマニフェストがどのようにしてつくられるのかという問題である。二〇〇三年以降、日本の総選挙でもマニフェストが広く用いられるようになってきたが、その際、マニフェストが政党の側からトップダウン的に、しかも党執行部の一部の人々によって作成されていることが問題として指摘されてきた。*28 しかし中北が指摘しているよう

*27　佐々木毅『政治の精神』岩波新書、二〇〇九年。

*28　日本再建イニシアティブ『民主党政権　失敗の検証』中公新書、二〇一三年、第二章。

に、たとえばイギリスでは、マニフェストの作成にあたってトップダウンではなくボトムアップで行われるのみならず、国会議員だけでなく支持団体の代表や有識者、有権者までもがそれに加わるという。マニフェストが有権者と政党を政策メニューでつなぐものであるとすると、そこには支持者の意向が反映される必要があり、そのためにも、マニフェストの作成はボトムアップ形式に近い方がよい。[*29]

　さらにもう一点、マニフェストが政党政治の再生にもたらす利点として、有権者への政党からの働きかけという意義がある。有権者の政党離れは、一方で政党が有権者に有効かつ有益な働きかけを欠いているという「ディマンド・サイド（供給側）」の問題もあった。その点からいうと、政党の側から提示するマニフェストは、その時に問題になっている政策を提示するだけでなく、新たに問題とすべき政策の提示も可能にする。つまり、政党の側から新たな争点を創出し、提示することにもなるのである。

　これまでの小選挙区制を中心とする選挙制度は、政権交代を可能にするという点で、自民党一党優位制を打破するにあたっては有効な制度であった。現に、その後二回の政権交代が実現した。しかしそれは、民意（得票率）を歪めて政党勢力（議席率）に反映する性質があった。また、二大政党となることで、政党間の違いがあいまいになるために、逆に政党は対立を強調し、細かな政策の違いやリーダーのパーソナリティといった点を過大に宣伝して、対立を強調するようになっ

＊29　中北浩爾『現代日本の政党デモクラシー』岩波新書、二〇一二年、二〇一－二〇二頁。

た。

これに対して比例代表制は、より多様な民意を反映する選挙制度である。もっともそれは、政権形成を困難にし、政党・政治家同士の議論や交渉を必要とするものでもある。しかし、議論や交渉こそ、本来、政治家に必要な資質でもある。また、政党間での協力は政権形成だけでなく、政策や法案ごとでも可能である。ただし、それが談合にならないために、政党はその主張や政策を明示したマニフェストを作成し、有権者に対して提示する必要がある。このように、比例代表制の選挙制度は、多様な意見や利害の反映、明文化された政策メニューを通じて、政党と有権者の連けいを取り戻すことを可能にするのである。

おわりに

本章では、政党が有権者から乖離してきていることを、有権者の側と政党の側からみたあと、有権者と政党をつなぐ最も重要な制度である選挙制度について検討した。現代の民主主義では、自由選挙と複数政党制は不可欠の要素となっていることから、政党と選挙は民主主義体制の根幹をなす制度といえよう。しかし同時に、それは民主主義体制における市民の政治参加の手段のなかで、良くいえば最も伝統的、悪くいえば最も古くさい制度であるともいえる。先進民主主義諸国において、有権者が選挙と政党から離れつつあることは、二一世紀の現代においては、政党や選挙といったものが、いささか時代遅れになりつつあることを示しているのかもしれない。実際、先進国の政治参加は、選挙や政党を通じたものから、社会運動やデモ、[*30] そして住民投票などへと部分的に移行しており、[*31] それをソーシャルメディアなどの新しい情報通信技術が後押ししている。市民の政治参加におけるこれらの新しいあり方は、それ自体ひじょうに興味深く、議論に値するもので、それらのいくつかは本書第4章・第5章で詳しく論じられているので、ぜひそちらをお読みいただきたい。

しかし、それにもかかわらず、民主主義の主流は依然として代議制（間接）民主主義にあり、選挙や政党を通じた参加と議会や政府での意思決定にある。ゆえに、選挙と政党のあり方について、まだまだ議論し改善する余地はあると考えられる。よって、現代の政治に問いかけられているのは、一方で政党や選挙によらない新しい政治過程のあり方であり、それと同時に、政党や選挙といった制度のリフォームなのである。

さらに日本では、「三・一一」の大震災と福島第一原発事故のあと、私たち有権者ないしは市民の政治参加・決定へのかかわりと、それに応える政治と政府のあり方が真剣に議論される必要に迫られている。「フクシマ」のあと、私たちは日本の政治や社会が抱えてきた構造的な問題に直面することになったし、それら

＊30　デモの手法も新しくなってきている。五野井郁夫『「デモ」とは何か』ＮＨＫ出版、二〇一二年。また、デモを含めた社会運動については第4章を参照。

＊31　その具体的な手法に関しては、篠原一編『討議デモクラシーの挑戦』（岩波書店、二〇一二年）に詳しい。

はいずれも簡単には解決しそうにない問題であるが、それでも、そうした問題に飽くことなく取り組んでゆくことを余儀なくされている。困難な時代は進歩への突破口になる可能性をもっている。二一世紀に入ってすでに一〇年以上が経った今、政党や選挙そして代議制民主主義のあり方を改めて問い直し、これからの二一世紀の日本の政治を考え直す転換期に、私たちは立っているのではなかろうか。

【より理解を深めるための文献】

吉田徹『二大政党制批判論—もうひとつのデモクラシーへ』光文社新書、二〇〇九年

本稿と同様、二大政党制の問題点を指摘し、ヨーロッパ政治研究者の視点から、ヨーロッパで一般的な比例代表制と穏健な多党制への移行を主張する。

中北浩爾『現代日本の政党デモクラシー』岩波新書、二〇一二年

選挙制度改革後の二大政党制への動きが、「市場競争型デモクラシー」の失敗から「エリート競争型デモクラシー」へと移行してきたことの問題点を指摘する。

ジェリー・ストーカー（山口二郎訳）『政治をあきらめない理由：民主主義で世の中を変えるいくつかの方法』岩波書店、二〇一三年

政治とは、暴力や強制によらずに異なる利害を調整するための方策であるという政治の本質に立ち返り、利害の調整としての「政治」への回帰が必要であると主張する。

4「デモをする社会」のデモクラシー

■「新しい新しい社会運動」の時代か？

はじめに——転換期としての二〇一一年

◉自然発生のデモ——女子高生の「パレードをしよう」

二〇一一年三月一一日の震災後、テレビ、新聞、インターネット、ラジオといったあらゆるメディアには、東日本大震災および東京電力福島第一原子力発電所（以下、福島第一原発）の事故の情報が氾濫した。その最中、脱原発を求める署名活動を呼びかけたのは、卒業式を終えたばかりの女子高校生であった。*1

原発事故がおきたあと、情報も知識もなくて、事故の被害にたいしては何をしたらいいのか全然わからなかったんです。でも、地元の浜岡原発をすぐ止めなきゃって思った。通ってた女子高の友だちにいっぱいメールしたら、反応してくれた子が六人いて、その子たちと一緒に中部電力に申し入れにいきました。急いで申し入れ書を書いて、その賛

＊1 TwitNoNukes 編『デモいこ！——声をあげれば世界が変わる街を歩けば社会が見える』河出書房新社、二〇一一年。

同署名を集めたのが三月二〇日。それが最初の動きでした。

名古屋市の栄で四三三人分の署名を集めた女子高校生たちは、帰り道、パレードをしようという話をする。デモの経験がなかった彼女たちは、デモには申請が必要と知り、日程とコースをブログで告知した。一週間後の二七日、「脱原発を歩こう！～ストップＨＡＭＡＯＫＡぱれーど～」を開催し、四五〇人が集まった。

四月になると脱原発を求めるデモは東京でも開催されるようになった。なかでも四月一〇日、東京都高円寺で開催された「原発やめろデモ！」は後の官邸前抗議へとつながる画期的なイベントとなった。デモを呼びかけたのはリサイクルショップ「素人の乱」の経営者である松本哉らを中心とする若者たちであった。[*2]

あのときは自粛ムードがすごくて、みんな思っていることが言えないっていう気持ち悪い雰囲気。被災者の救援とかボランティアしかできなくて。それも大事なんだけど。（中略）原発問題は深刻なのに、だんだんニュースも減って、普通にバラエティ番組も始まって「おや、これうやむやになってるんじゃないか」と。放射能が怖いよりも、その雰囲気になっていく日本の社会のほうがよほど怖いっていうか。ここで言っておかないと、とみんなで集まって、デモって話になって一〇日後にやったんです。[*3]

デモの告知は一〇日間であった。ツイッターやフェイスブックなどのソーシャ

＊2　松本哉は、大学在学中から生活に根差した要求に基づくイベントを多数開催しており、デモの経験が豊富であった。松本らが開催したユニークなデモやイベントについては、松本哉『貧乏人大反乱―生きにくい世の中と楽しく闘う方法』（アスペクト、二〇〇八年）、松本哉『［増補版］貧乏人の逆襲！―タダで生きる方法』（ちくま文庫、二〇一一年）、松本哉・二木信編『素人の乱』（河出書房新社、二〇〇八年）に詳しい。
＊3　『週刊金曜日』八七四号、二〇一一年一二月二日、二一頁。

ルメディアでデモの開催を知った二〇代から三〇代の若者を中心に一万五千人の参加者が集まった。[*4]「原発やめろデモ！」は、その後も開催され、五月七日（一万五千人）、六月一一日（三万人）、八月六日（七千人）と多くの参加者が集まった。

福島第一原発事故を契機とした脱原発デモは「原発やめろデモ！」のほかにも全国各地で展開されるようになった。[*5] たとえば、二〇一一年七月の「原発ゼロをめざす7.2緊急行動」には二万人、同年九月の「さよなら原発五万人集会」には六万人が参加したといわれる。

◉原発再稼働と官邸前抗議

二〇一一年以降の脱原発を求める直接的な行動のなかでも、とくに人々の注目を集めたのは、いわゆる官邸前抗議である。野田首相は、同年一二月一六日、「発電所の事故そのものは収束に向かったと判断される」として事故収束を宣言し、翌年三月には原発の再稼働に向けて動き出した。これに対して、「原発やめろデモ！」の会議に参加していたメンバーらは、東京近郊で脱原発デモを開催する団体の連絡協議会として首都圏反原発連合を結成した。[*6] 首都圏反原発連合は三月二九日、首相官邸前での抗議を呼びかけ、約三〇〇人が集まった。呼びかけ人の一人ミサオ・レッドウルフは官邸に向けて次のように訴えた。

＊4　このデモの様子は、Youtubeで「高円寺4・10反原発デモ」で検索するとみることができる。なお、本章の脚注におけるwebページのアクセス日はすべて二〇一四年二月二三日である。

＊5　脱原発という言葉は、一九八六年のチェルノブイリ原発事故以降、ドイツで原子力発電からの脱却を図るという意味で用いられるアウスシュティークAusstieg（本来は電車やバスから降りるという言葉）に起源がある。本章では、日本での原子力政策の転換を要求する言動を「脱原発」という言葉で表現する。ただし、当事者が「反原発」という言葉を用いる場合にはこの限りでない。二〇一一年一月から一三年六月二日までに行われた脱原発デモについては木下ちがや作成の「巻末付録二〇一一年以降の反原発デモ・リスト」に詳しい（小熊英二編『原発を止める

ここに来ているのは氷山の一角で、ここに来れていない人も大勢いる。日本全国には再稼働を望まない人の方が断然多い。私たちはあなた達に『声をくみとる』チャンスを与えている。抗議の声は止めない。とにかく、ここにいる私たちは、大飯原発の再稼働は許さない。それを伝えに来ている。*7

四月六日、関係閣僚会合において、大飯原発三・四号機は安全基準を満たしているとし、夏の電力不足に備えて再稼働することが妥当と判断されると、首都圏反原発連合は「四・六原発再稼働許すな！首相官邸前抗議」を開催し、参加者約千人が集まった。以後、毎週金曜日の午後六時から八時まで首相官邸前で原発再稼働に抗議する活動が展開されるようになった。*8

六月八日、野田首相は首相官邸で、「国民の生活を守るため、大飯原発三・四号機を再稼働すべきと判断した」と発表した。同日の首相官邸前抗議には四千人が集まった。参加者の数は六月一五日（一万二千人）、二二日（四万五千人）と週ごとに膨れ上がり、関西電力による大飯原発三号機の起動が目前となった六月二九日には、およそ二〇万人の人々が首相官邸前抗議に参加した。結局、七月五日、大飯原発三号機は起動した。しかしその後も官邸前抗議は継続し、毎週一〇万人の人々が首相官邸前に集まった。

人々―3・11から官邸前まで』文藝春秋、二〇一三年）。

＊6　首都圏反原発連合の結成については、野間易通『金曜官邸前抗議―デモの声が政治を変える』（河出書房新社、二〇一二年）に詳しい。

＊7　野間・前掲（＊6）四一頁。ミサオ・レッドウルフ『直接行動の力「首相官邸前抗議」』（クレヨンハウスブックレット、二〇一三年）も参照した。

＊8　官邸前抗議は、条例で定めるところの「デモ」すなわち「集団行進又は集団示威運動」ではない。街頭デモは各都道府県の定める公安条例によって規制されている。官邸前抗議は、歩道上で行われるため、公安条例に定めるデモに該当しないのである（野間、前掲〔＊6〕四九－五一頁）。

◉「デモをする社会」のデモクラシーとは

本章では、デモとデモクラシーの関係を考えてみたい。

デモとは、デモンストレーション（demonstration）の略で、集団意思表示または示威運動と訳される。他方、デモクラシーとは人民（demos）による支配（kratia）で、民主主義と訳される。すなわちデモクラシーとは、人々が自分たちのことは自分たちで決めるという考え方であり、同時に実践でもある。三・一一以降、日本ではデモが日常化するようになったが、はたしてデモをすることに私たちはどのような意味を見出すことができるだろうか。

二〇一一年九月一一日、東京都新宿にあるアルタ前広場で開催された「原発やめろデモ！」において思想家の柄谷行人は、「デモをすることによって社会を変えることは、確実にできる。なぜなら、デモをすることによって、日本の社会は、人がデモをする社会に変わるからです」と集まった人々に語っている。[*9] 三・一一以降、日本の社会は柄谷がいうような「デモをする社会」に変わったとすれば、「デモをする社会」にはどのような特徴があるのか。まずは、「デモをする社会」の諸相をこれまでの社会運動との関連で明らかにしてみよう。

＊9　瀬戸内寂聴・鎌田慧・柄谷行人ほか『脱原発とデモ―そして、民主主義』筑摩書房、二〇一二年、六四頁。

一　二〇世紀の労働運動──古い社会運動の時代

◉「階級」の時代

　問題の解決を目的とした集合行為は、二〇一一年以降の特異な現象ではない。江戸時代の一揆や直訴、大正時代の米騒動など、日本の歴史をみれば多数確認することができる。なかでも大正時代から今日まで同じスタイルで続いている直接行動のひとつにメーデーがある。メーデー（MAY DAY）とは、毎年五月一日に行われる国際的な労働者の祭典であり、労働者が団結して権利を要求する日でもある。一八八六年五月一日、アメリカで行われた八時間労働制要求のゼネスト（ゼネラルストライキ）とデモが発端となった。低賃金の長時間労働、過酷な生活を改善するために労働者自らが立ち上がったのだ。日本では一九二〇年に第一回が行われ三五年まで続いたが、三六年以降は政府によって禁止された。

　資本主義社会は、モノをつくる手段をもつ資本家とモノをつくる手段をもたない労働者から成り立っている。その結果、労働者へ支払う賃金などの労働条件や労働者の安全確保にかける資金をできるだけ抑えて、最大限の利潤を追求する資本家「階級」と、それとは正反対に、働く以外に生活ができず、教育も満足に受けられず、労働災害の危険に脅かされている労働者「階級」という二つの「階級」

が生み出された。二〇世紀は資本家と労働者による「階級」の時代であった。[*10] と同時に二〇世紀における社会運動の主要な担い手は労働者または労働組合であったといえる。

メーデーが復活したのは第二次世界大戦後のことである。日本国憲法二一条に「集会・結社・表現の自由」が規定され、意思表示する行為は民主主義にとって欠かせない基本的な権利として保障された。治安維持法は廃止され、労働三法の整備が実現し、労働組合法の制定によって労働組合の結成が急速に進んでいった。他方で、労働組合を弾圧する事件も戦後多発している（下山事件、三鷹事件、松川事件）。一九五二年五月一日に行われたメーデーでは、デモ参加者約六千人が五千人の警官隊と衝突して、死者二人のほかに多数の重傷者を出した（血のメーデー事件）。この事件を契機に破壊活動防止法など思想・表現・集会・結社の自由を制限する治安立法が制定されるようになった。経済成長期には総評（日本労働組合総評議会）と同盟（全日本労働総同盟）の共催で統一メーデーが開催され、一九八九年まで続けられた。

*10 熊野直樹・星乃治彦編『社会主義の世紀──「解放」の夢にツカれた人たち』法律文化社、二〇〇四年。

◉労働運動の限界

二〇世紀も後半になると労働運動はその勢いを失っていった。九一年に社会主義国家ソ連が崩壊し、世界を二分した東西冷戦は終決し、イデオロギーの終焉が話題になった。労働者の受け皿となった政党は、社会主義を標榜する革新政党であった。五五年体制下において最大野党であった日本社会党は九四年に与党の一員になったものの議席を大幅に減らし、現在の社会民主党（社民党）に名称を変更した。

労働者がひとつにまとまることが困難になったのは、労働者間の格差の広がりと無関係ではない。バブル崩壊後、正社員の新規雇用は大幅に抑制され、その一方で、パート・アルバイト、派遣社員などの非正規雇用が増大していった。一九九〇年に二〇％だった非正規雇用率は、二〇〇〇年には二五％となり、一三年には三六％になっている。パートタイム労働者の増加や若者の労働組合離れもあり、労働組合組織率は低下し続けている。*11 労働者の祭典であるメーデーでさえ、連合（日本労働組合総連合会）系は二〇〇一年以降四月二九日や土曜日に行うようになり、全労連（全国労働組合連合）や全労協（全国労働組合連絡協議会）は五月一日の開催を続けている。このように、労働者だけでなく労働組合がひとつにまとまることさえむずかしくなっている。

労働運動が衰退したからといって、労働者や労働組合が社会運動の担い手でなくなったわけではない。たとえば三・一一以降の脱原発に関しては、大江健三郎や坂本龍一などの著名人が呼びかけ人となっている「脱原発を実現し、自然エネルギー中心の社会を求める全国署名」が千万人の署名をめざしている。また、二

*11 厚生労働省が発表した二〇一三年の労働組合基礎調査結果によれば、全労働者に対する労働組合の割合を示す組織率は、三年連続で過去最低を更新する一七・七％であった。

〇一一年九月一九日には「さようなら原発五万人集会」（明治公園、参加者六万人）、翌年七月一六日には「さようなら原発一〇万人集会」（代々木公園、同一七万人）が行われ、その他にも定期的に集会や講演会などが開催されている。[*12] この署名運動の母体となっているのは原水爆禁止日本国民会議（原水禁）であるが、集会やデモなどにも労働組合が大きく関与している。三・一一以降の脱原発運動においても労働運動が果たしている役割は小さくない。[*13]

二　新しい社会運動の台頭と展開

◉主体性・敵対性・全体性

二〇世紀後半になると旧来の労働運動とは異なる、学生運動や平和運動、環境保護運動や女性解放運動などの新しいタイプの社会運動が、先進諸国において共通して起きるようになった。それらの運動は、科学的知識・専門的技術をもった国家や大企業のエリート（テクノクラート）による計画・管理に対する抵抗でもあった。フランスの社会学者アラン・トゥレーヌはそれらを「新しい社会運動」という言葉を用いて説明した。[*14] トゥレーヌは、現代社会を人々の需要や欲求自体が管理され、テクノクラートが文化の解釈や価値的なものの定義にすら支配を及ぼそうとする社会と性格づけ、それを「プログラム化社会」と規定した。そして、テ

＊12　「さよなら原発千万人アクション」のホームページ（http://sayonara-nukes.org/shomei/）参照。

＊13　一九五四年三月一日、アメリカがマーシャル諸島・ビキニ環礁で実施した水爆実験によって第五福竜丸とその乗組員が被爆した（第五福竜丸事件）。帰港後原爆症と診断され、乗組員のひとり久保山愛吉が死去した。アメリカ駐日大使は遺憾の意を表明するとともに補償を行った。水爆実験と第五福竜丸の被爆のニュースは広まり、全国的に原水爆実験の禁止を求める運動が広がっていった。杉並区で始まった超党派による署名運動のスタイルは、全国に広がり、一九五五年八月七日の原水爆禁止世界大会最終日には三二一六万七〇九人の署名が集まったといわれる。署名運動の実行委員会は、その後名称を変更し、原水爆禁止日本協議会（原水協）を結成し

クノクラートへの人々の従属を疎外と定義し、この疎外を克服するために社会紛争を喚起する運動のことを新しい社会運動だと解釈した。

トゥレーヌは社会運動を主体性・敵対性・全体性という言葉によって説明している。すなわち、運動の主体として自己をどのように規定するのか（主体性）、運動の敵手を行為者がどのように規定するのか（敵対性）、運動の係争課題を行為者がどのように規定するのか（全体性）という捉え方である。トゥレーヌによれば、産業社会においては、労働者「階級」が労働運動というかたちで、資本家「階級」を相手に、生産領域の独占に対抗した。他方、ポスト産業社会であるプログラム化社会では、市民がテクノクラートによる生活領域の独占的支配に対抗すると論じている。[*15]

◉日常生活の民主化

イタリアの社会学者アルベルト・メルッチは、新しい社会運動がめざすのは日常生活の民主化であると論じている。[*16] 高度に分化し、官僚制的で匿名的な性質をもった「複雑社会（complex society）」においては、物質的な生産は主要な基盤とはならず、情報が主要な資源となる。複雑社会は、「社会的行為の多様な形態に参加し、それに意味を与えることによって、みずからを個別化しようと腐心する個人」によって担われる。そのような現代社会では、人々は「自分は何者なのか」

た。原水協は毎年八月には原水爆禁止世界大会を開催している。

＊14 新しい社会運動については、「特集：新しい社会運動―その理論的射程」『思想』（七三七号、一九八五年一一月）、アラン・トゥレーヌ（梶田孝道訳）『新装声とまなざし―社会運動の社会学』（新泉社、二〇一一年）、梶田孝道『テクノクラシーと社会運動―対抗的相補性の社会学』（東京大学出版会、一九八八年）に詳しい。

＊15 ヨーロッパにおいて新しい社会運動を論じた学者として、ドイツの政治社会学者クラウス・オッフェや哲学者ユルゲン・ハーバーマスも挙げることができる。

＊16 アルベルト・メルッチ（山之内靖・貴堂嘉之・宮崎かすみ訳）『現在に生きる遊牧民―新しい公共空間の創出に向けて』岩波書店、一九九七年。

自己の行為の意味を絶えず再定義しコントロールする、新しいタイプのアイデンティティをもつようになる。メルッチは、日常生活のレベルで情報や資源や自己変革を生み出す細かなネットワーク活動を通して、絶えずアイデンティティの再定義を可能にし、支配的な文化に対して抵抗できることを強調している。新しい社会運動とは、日常生活の細かなネットワーク活動に基づいて、支配的な文化コードとは異なった行為の意味や志向性を提示する運動であり、複雑社会における支配に対する象徴的な挑戦となるのである。[*17]

日常生活の民主化を求める新しい社会運動の典型的な事例として位置づけられたのが脱原発運動である。

日本で原子力発電が始まったのは一九六六年七月の茨城県の東海原発一号機である。原発の危険を訴える運動は京大、東大、東北大、東工大、名大、九大などの原子力研究に携わる若い研究者が先導し、六九年に「全国原子力科学技術者連合」が結成され、放射能物質の危険性を訴え始めた。[*18] 原水禁（原水爆禁止日本国民会議）も六九年に反原発全国活動者会議を開催し、翌年から核兵器についてだけでなく原発問題も本格的に取り上げ始めた。また七五年には、「原子力資料情報室」が発足した。さらに七七年には反原発全国集会が京都で開催され、全国から七〇〇名が参加した。翌年には「反原発全国連絡会」が発足、「反原発新聞」が創刊されている。

＊17　伊藤るり「〈新しい社会運動〉論の諸相と運動の現在」山之内靖ほか編『岩波講座社会科学の方法第八巻　システムと生活世界』（岩波書店、一九九三年）、古城利明・矢澤修次郎編『現代社会論〔新版〕』（有斐閣、二〇〇四年）参照。

＊18　日本の脱原発運動については、和田長久・原水爆禁止日本国民会議編『原子力・核問題ハンドブック』（七つ森書館、二〇一一年）を参照した。

日本の脱原発運動の転機となったのは、一九八六年四月二六日に起きたチェルノブイリ原発での史上最悪の事故である。原子炉とその建屋が破壊され、爆発と引き続く火災に伴い、大量の放射能物質の放出が約一〇日間続いた。放射能は日本を含む北半球のほぼ全域で観測された。この事故を契機に脱原発運動は広がっていった。主婦層を中心とする多くの一般市民が、原発問題を自分の身近な問題として認識するようになり、「脱原発ニューウェーブ」と称された。そのピークは八八年である。東京日比谷公園で開かれたチェルノブイリ事故二周年の全国集会には約二万人が集まった。さらに「脱原発法制定運動」は三五〇万人の署名を集めるまでに至った。しかし、九〇年代に入ると脱原発運動は鎮静化し、国内各地の原発建設計画や青森県六ケ所村の核燃料サイクル施設の集中立地計画にブレーキをかけるほどの影響力はもちえなかった。[*19] 脱原発運動が一定の成果をおさめたヨーロッパ諸国と日本の運動に相違が生じたのは、実際に国土に直接大量の放射能が降り注いだかどうかの違いによるのだろう、と吉岡は指摘している。原子力政策を理解するには高度な専門的知識が必要だと多くの人々が認識したことも運動が全国民に広がらなかった理由であろう。

◉「静かなる革命」

社会運動の担い手が労働者に限定されなくなったのは、先進諸国における人々

＊19　吉岡斉『新版　原子力の社会史─その日本的展開』朝日選書、二〇一一年、二二〇－二二八頁。なお、脱原発運動のひとつの類型として全国的な原発訴訟を挙げることができる（海渡雄一『原発訴訟』岩波新書、二〇一一年）。

の価値観の変容とも関連している。一九七〇年代において先進国の人々が物質主義的価値観から脱物質主義的価値観を重視するようになったと説いたのは、アメリカの政治学者ロナルド・イングルハートである。[*20] イングルハートは、生存欲求や安全欲求を人間の生理的欲求として捉え、これらの欲求をもつ人を物質主義者、知的・美的欲求といった社会的・自己実現的欲求をもつ人を脱物質主義者（Post-materialist）と位置づけた。八〇年代以降は脱物質主義者がさらに増えていることが調査によって明らかにされた。とくに若年・高学歴の層に、自己実現に代表される脱物質主義的価値観が増大しているという。その要因として、経済的・技術的発展、年齢層による経験の違い、教育水準の上昇、マスコミの発達が指摘されている。人々が多くの情報、また情報処理・加工の技能、幅広い教養を身につけることによって、潜在的に政治的能力の高い社会層が形成され、エリートに頼らない活動的な市民層が噴出したのである。安全で豊かな時代に生まれ育った世代の増加によるものであり、社会に深く根ざした変化でもある。ゆっくりとしたスピードで着実に人々の価値観が変容していく様子を、イングルハートは「静かなる革命」と表現した。

　イングルハートやクラークは、一九七〇年代後半から西欧諸国では、政党や政治家が指導する動員型の参加ではなく、直接的で争点志向的な参加形態をとる現象が生じていると指摘している。日本において住民投票が実施された地域の住民

＊20　ロナルド・イングルハート（三宅一郎・金丸輝男・富沢克訳）『静かなる革命――政治意識と行動様式の変化』東洋経済新報社、一九七八年。

を調査した中谷美穂は、人々の意識のなかにニュー・ポリティカル・カルチャー（NPC）の現れを確認している。[*21] 中谷が実施した調査結果によれば、従来型のエリート指導型の政治参加（政治的エリートが政党や労働組合などの既成の組織を通じて大衆の支持を動員）ではなく、エリート対抗型の新しい政治参加形態（争点志向的で特定の政策の変更に効果を及ぼすことをめざす参加形態）に積極的な、いわゆるNPC的な市民が増加傾向にあるという。

以上のように二〇世紀後半は、先進諸国において労働運動とは異なる新しい社会運動が台頭し展開した。それでは二〇〇〇年代後半のデモの日常化という現象は、新しい社会運動の延長線上に位置づけられるのだろうか。

三 「新しい新しい社会運動」の時代か？

◉新しい政治＝文化運動

直接的な参加要求のデモのスタイルに変化が生じたのは、二〇〇三年のイラク反戦デモにおいてである。二〇〇三年三月一九日、アメリカを中心とする多国籍軍がイラクに攻撃を開始する。これに対する反戦デモは世界中で展開され、日本でも起こった。[*22] イラク反戦デモの特徴はあまり政治に関心がないと思われていた若者や女性たちが多く参加したことである。また、シュプレヒコールを中心とす

＊21 NPCの特徴とは、①古典的な左右の軸の変質、②社会的争点と財政・経済争点の明確な区別、③財政・経済的争点と比べて、重要性を増している社会的争点、④市場個人主義の発達、⑤福祉国家への疑問、⑥争点政治と広範な市民参加の台頭、ヒエラルヒー的な政治組織の衰退、⑦若くて教育程度が高い裕福な個人や社会におけるNPCの強い支持、である（中谷美穂『日本における新しい市民意識―ニュー・ポリティカル・カルチャーの台頭』慶應義塾大学出版会、二〇〇五年、七頁）。

＊22 毛利嘉孝『ストリートの思想―転換期としての一九九〇年代』NHKブックス、二〇〇九年、一七四―一七五頁。

る従来の市民運動とは異なって、サウンドカーが音楽を流し、それに合わせて踊る若者や、カラフルな衣装を身にまとった参加者が多かったといわれている。

このデモのスタイルは、二〇〇五年ごろから活性化したフリーター・非正規労働者の運動でも確認することができる。〇五年、非正規労働者によって「自由と生存のメーデー」が開催されるようになった。フリーター全般労働組合（フリーター労組）が呼びかけた「自由と生存のメーデー」は、雇用が守られている労働組合とは異なり、不安定な雇用環境にさらされている非正規雇用者や失業者からなるプレカリアートらによる非暴力直接行動として取り組まれてきた。[*23] その特徴は、旧来型のメーデーが各団体ののぼり旗を掲げて行進するのに対して、トラックに載せたドラムなどの音響機材から出る音楽のリズムのなかで行進する、いわゆるサウンドデモを行っている点である。

毛利嘉孝は、音楽などによる文化活動が政治の空間を占拠する可能性について言及している。それは、代議制民主主義の政治のなかでうまく場所を確保できない人々が公的空間を利用して政治の空間を確保する絶好の例であるという。[*24] サウンドデモというスタイルは、代議制民主主義の空間を開放し、シュプレヒコールという従来型のデモのスタイルとは異なることによって、新たに参加する者、とくに若い人々の参加のハードルを下げる役割を果たしている。また、五野井郁夫は、サウンドデモの効用として、デモが歌によってカオスではなく秩序へ、まさ

＊23　五野井郁夫『「デモ」とは何か―変貌する直接民主主義』ＮＨＫブックス、二〇一二年。プレカリアートとは、「不安定な」（プレカリアス）と「労働者階級」（プロレタリアート）を組み合わせた言葉で、非正規労働者や失業者のことを意味する。なお、このデモの様子もYoutubeで「自由と生存のメーデー」で検索するとみることができる。

＊24　毛利嘉孝『文化＝政治』月曜社、二〇〇三年、三三頁。

に非暴力直接行動による民主主義の表現へと変貌を遂げたとき、暴力的なイメージが転地されると指摘する。サウンドデモ以降、デモ参加者と警察の立場は完全に入れ替わり、気がつくとデモの側に暴力的なイメージはなくなっているのだという。

サウンドデモは、二〇一一年以降の脱原発デモにおいてもみられた。官邸前抗議では、ドラムを叩きながら行進する通称「ドラム隊」として、国会前に常駐するチームやデモでマーチング局やサンバを演奏するチームに分散し、各々の場に合った多様な音とリズムで、脱原発のムーブメント（運動）において重要な役割を果たしている。[*25]

小田マサノリは、従来のシュプレヒコールの間延びしたテンポやハンマーで釘を打つようなアクセントが苦手と感じていた。それをドラムのリズムで変えられないかと思った小田は、二〇万人が集まった日、官邸前の歩道の後方でコールにあわせてドラムを叩き始めた。「再稼働反対！」のコールに呼応して叩く「ダン・ダン・ダン・ダ・ダン！」というリズムが生まれ、各地に広まっていった。国会前に向かおうとする人の流れを変え、「再稼働反対！ダン・ダン・ダン・ダ・ダン！」の巨大なコールを国会前に響かせる「ドラム隊」の役割が定着していった。

＊25　小田マサノリ「ふつうのときのやり方じゃまにあわない」小熊編・前掲（＊5）六一頁。

◉官邸前抗議の「新しさ」

デモといった直接行動においては、多くの人々の共感を得、多くの人々が実際に参加しなければ運動を広げることはできない。二〇一一年九月、ニューヨークのウォール街で起こった大規模な直接行動「ウォール街を占拠せよ！」（オキュパイ・ウォール・ストリート、OWS）では「私たちは99%だ！」というスローガンが掲げられた。[*26] OWSは多くの人々が職をもたない、または雇用が安定しないなか、アメリカ政府によって金融機関が救済され、富裕層を優遇するという措置を批判している。このスローガンは、九九%のマジョリティの犠牲の上に一%の富裕層が富を独占している構図を浮かび上がらせることに成功している。

官邸前抗議に多くの人々が参加し、長期にわたって継続できたのは、そのスタイルの「新しさ」にあった。ひとつは、従来のデモのなかで見落とされていた官邸前という盲点を発見したことにある。「ときに楽しげに見える街頭デモではなく、官邸前のような殺風景なところでじっと立ちつくしながらひたすら怒りの声を上げるほうが、多くの人にとって参加のハードルが低かったのも意外だった」と、呼びかけ人のひとりの野間は回想している。

次に、毎週金曜日の一八時から二〇時という決まった時間帯に実施した点に「新しさ」がある。金曜日の夜といえば、一週間の仕事から解放されて遊びに出かけて行く人が多い時間帯である。しかし、一八時になれば、仕事を終えた男性だけ

＊26　『オキュパイ！ガゼット』編集部編（肥田美佐子訳）『私たちは〝99%〟だ—ドキュメント　ウォール街を占拠せよ』岩波書店、二〇一二年。

でなく女性、子連れの夫婦、高齢者たちがぞくぞくと集まり、そして二〇時になればきっちり解散する。「日本人の勤勉さとか我慢強さみたいなものにしっくり合っていた」スタイルであった。[*27]

さらに、官邸前抗議の言動について、主催者である首都圏反原発連合はひとつのルールをつくっていた。同じ運動に参加する他者の属性や所属、内面的思想などを問題にしないということである。呼びかけ文には「反原発・脱原発というテーマと関係のない特定の政治的テーマに関する旗やのぼり、プラカード等はご遠慮ください」という注意書きが掲げられていた。官邸前抗議とは、脱原発というシングル・イシューの社会運動に、あらゆる思想や運動を排除することなく、あらゆる人々を包摂することをめざして、多くの人々を結集させることに成功した直接行動であったといえるだろう。

*27　津田大介『動員の革命—ソーシャルメディアは何を変えたのか』中公新書ラクレ、二〇一二年。

◉ＳＮＳ時代の社会運動

官邸前抗議に多くの人々が参加できた理由のひとつに、ソーシャルメディアの発達が指摘される。二〇一〇年から二〇一一年に起こったいわゆる「アラブの春」では、フェイスブック革命が起きたと説明されることがある。[*28] 反政府運動に参加した民衆は、ツイッターやフェイスブックなどのソーシャルネットワーキングサービス（以下、ＳＮＳ）や衛星放送等のメディアによって連帯と情報共有を図り、

*28　ソーシャルメディアとは、ユーザーとユーザーがつながって、双方向に情報を提供したり、編集したりするネット上のサービスと定義される（津田・前掲〔*27〕二四－二五頁）。「アラブの春」

かつてないスピードで国境を越えて民主化運動が拡大していった。

官邸前抗議においても、ソーシャルメディアは参加者を動員する役割を果たしていた。情報拡散ルート研究会が二〇一二年七月六日の官邸前抗議参加者に行ったアンケートによると、「何を見てやってきたか」の内訳は、ツイッター三九・三％、人づて一七・三％、ウェブ一一・六％、フェイスブック六・七％、テレビ六・五％、新聞六・三％、団体告知六・一％、その他六・一％となっている。[*29] ソーシャルメディアの合計は五七・九％で、半分以上の参加者が該当する。

他方で、口コミやマスメディアが果たした役割が大きかったことも指摘されている。「ネットでの情報拡散や共有は、原発問題に積極的な関心を抱く層にしか波及しないという弱点があった。しかし、マスメディアで報じられることによって、金曜日の『官邸前デモ』は近所や会社でも通用する旬の話題になった」。主催者によるツイッターやフェイスブックによる動員は二千人が限界で、それ以上に広がったのはマスコミ報道と口コミの影響といわれている。すなわち、ソーシャルメディアと既存のコミュニケーションの相乗効果によって、二〇万人もの人々が官邸前抗議に集まったことがわかる。

デモという直接行動に訴える社会運動が日常化したのは、必ずしも三・一一以降の脱原発デモからではない。二〇〇〇年代後半、排外主義をイデオロギー的な主軸としたデモ行動を繰り広げる光景が全国各地でみられるようになった。二〇

とは、アラブ世界で起こった大規模な反政府デモや抗議活動の総称。チュニジアでの独裁政権の崩壊（ジャスミン革命）に続き、エジプト、リビアでも長期独裁政権が終焉を迎えた。

＊29　野間・前掲（＊6）、一六三頁。

○六年に設立された「在日外国人の特権を許さない市民の会」（以下、在特会）は、ネット上における会員数が一万人を超えた、最大かつ最も知名度が高い団体である。*30 在特会は、「在日コリアンをはじめとする外国人が日本で不当な権利を得ている」として、朝鮮学校の授業料無償化や外国籍住民への生活保護支給反対、不法入国者追放、核兵器推進など右派的なスローガンを掲げてデモや集会を開催している。在特会による在日朝鮮人に対する街宣行動は、ヘイトスピーチに該当するといわれている。*31

　ソーシャルメディアが排外主義的なデモ活動を助長している点は見逃すことができない。在特会の会員は一万人を超えている。多くの人々が会員となったのは、「パソコンで入会フォームを立ち上げ、ワンクリックで送信。これで会員だ。在特会の急成長を促したのは、覚悟も踏ん切りも必要としない、こうしたバリアフリーな入口」といったソーシャルメディアの特徴と無関係ではない。*32「在日コリアンをはじめとする外国人が日本で不当な権利を得ている」という言説をみて、「初めて真実を知った」と目覚めた人々が動員されている。さらに、実際の街頭での言動に発展した行動が携帯での中継によってネット上で共有されていく。ソーシャルメディアによる内向きのナショナリズムの醸成と排外主義的なデモとの相互作用がみられる。

＊30　在特会については安田浩一『ネットと愛国―在特会の「闇」を追いかけて』（講談社、二〇一二年）、樋口直人『日本型排外主義―在特会・外国人参政権・東アジア地政学』（名古屋大学出版会、二〇一四年）に詳しい。

＊31　たとえば、在特会元メンバーら八人は、隣接する公園を学校が運動場として「不法占拠」しているとして、二〇〇九年一二月から一〇年三月にわたり京都朝鮮第一初級学校近くで「朝鮮学校を日本からたたき出せ」「スパイの子ども」などと拡声器で連呼、動画を撮影し、インターネットで公開した。一三年一〇月七日、京都地裁は朝鮮学校への街宣活動を人種差別と認定し損害賠償を命じた。事件については、中村一成『ルポ京都朝鮮学校襲撃事件―〈ヘイトクライム〉に抗して』（岩波書店、二〇一四年）に詳しい。ヘイトスピーチとは、人

◉「ふつうの人々」による社会運動

六〇年安保と官邸前抗議を比較した小熊英二によれば、デモの参加者の相違は共同体にあるという。六〇年安保は大学の自治会、労働組合、商店会など所属する共同体ごとに集団でデモに参加していた。しかし、官邸前抗議では、組織や集団といった共同体ではなく、自律的な個人個人が参加したといわれる。

デモの呼びかけ人となった首都圏反原発連合のメンバーは、自営業・専門職・フリーランス・外資系企業社員・経営者・派遣社員・農民・大学教員・主婦など、時間と勤務形態に自由がきく職業が多い。また、外国との接触経験のある者、医学知識のある者が比較的多いといわれる。従来の脱原発などの社会運動には縁がなかった者がむしろ多い。また、何らかの自主的な企画を運営した経験のある者が多く、社会的経験はそれなりに有している。総じて彼らは、自律的な「活動家」、すなわち「アクティビスト＝アクティブな人たち」であり、震災前から「何かをやったことがある」という下地のあった人たちが震災直後から動いた、と小熊は指摘している。

官邸前抗議の参加者も「ふつうの人々」であったといわれる。参加者は、政党や労働組合、あるいは政治団体や市民団体で積極的な活動をしていない人々、サラリーマン、ショップ店員、タクシー運転手、公務員、老人、家族連れ、高校生、ニート、不良、主婦、ＯＬ、学生、フリーター、アーティスト、ミュージシャン、

種や国籍など特定の属性を有する集団をおとしめたり、差別や暴力行為をあおったりする言動を意味している。ヘイトスピーチについては、師岡康子『ヘイト・スピーチとは何か』(岩波新書、二〇一三年)参照。

＊32　安田・前掲（＊30）、八一頁。

画家、無職など多種多様である。「何か統一した思想や政治的傾向のもとに集まっているわけではない」というのが官邸前抗議に参加した人々の特色である。

他方、ヘイトスピーチ・デモに参加する人々は、官邸前抗議の参加者ほどの多様性を確認することはできない。しかしながら、「在特会とは何者か」の問いに安田浩一が「あなたの隣人」であると答えているように、誰もがその担い手になりうる。いわゆるネット右翼と称される人々に限定することはできない。在特会をはじめとする排外主義的な運動の攻撃対象は、大手メディア、公務員（教師を含む）、労働組合、グローバルに展開する大企業、その他、左翼全般、外国人だといわれる。むしろ、これらの対象に該当しない社会の多数派、「ふつうの人々」が潜在的にその担い手になりうるのである。

柄谷行人がいった「デモをする社会」とは、「誰もがデモをすることができる社会」である。「デモをする社会」には、閉塞し行き詰まった政治社会を人々が新しく切り拓いていこうとする光の側面と、鬱積した憤懣を抱える人々が誰かをはけ口として攻撃するという闇の側面を兼ね備えているようである。「デモをする社会」のデモクラシーにおいて、私たちは表現の自由とともに、他者に対する差別をも容認するのかが問われている。

おわりに――「デモをする社会」の危うさと可能性

◉三つの社会運動の並存関係

これまで「デモをする社会」のデモクラシーを考える手がかりとして、労働運動を古い社会運動、一九六〇年代以降の学生運動・平和運動・環境運動などを新しい社会運動、二〇〇〇年代以降の社会運動を「新しい新しい社会運動」という言葉を用いて説明を試みてきた。これら三つの社会運動は、順を追って時代とともに展開し、発展してきたわけではなく、現代においても三つの社会運動は並存的な関係にあるといえる。労働運動は衰退したといってもなくなったわけではなく、今日も重要な役割を果たしている。また、新しい社会運動は、「緑の党」が日本でも誕生したように制度化されつつある。三・一一以降の脱原発デモは今後も継続して開催されていくだろう。三つの社会運動は、それぞれが並存し連携することによって、日本の社会を変える力になりうるのかもしれない。

◉メディア・リテラシーを鍛えよう

「デモをする社会」は三・一一以降に突如として出現したわけではない。一九二〇年のメーデー、原水爆禁止署名運動、安保闘争、脱原発運動、住民投票運動、イラク反戦デモなど戦前から連綿として続く直接的な参加要求の延長線上に位置づけることが可能であろう。

しかし、二〇〇〇年代後半のヘイトスピーチおよび三・一一以降の脱原発デモにみられる直接的な参加要求は、従来の運動とは異なる「新しさ」があるのも事実である。主催者がツイッターやフェイスブックなどを使って告知を行い、デモの参加者が携帯電話を使ってライブ中継するなどのSNSを使ったデモの拡大は、従来みられなかった現象である。また、ヘイトスピーチや脱原発デモの参加者は、非正規労働者の若者が多いことも共通した特徴である。[*33]

安保闘争に熱狂した多くの学生は、高度経済成長のなかで何事もなかったように就職してサラリーマンとなっていった。しかし、今日、ひとつの階層となった感がある非正規労働者たちが、アベノミクスの結果次第で正規雇用の労働者へとなる可能性は限りなくゼロに近いであろう。むしろ、今後、非正規労働者はさらに増えていくことが予想される。「アラブの春」、インディグナードス運動、オキュパイ・ウォール・ストリートなど海外の同時代のデモは失業した若者や非正規労働者が中心であった。[*34] 非正規労働者の増大は「デモをする社会」を強化することにつながるのだろうか。さらに、そのエネルギーは、政府や社会に対して経済政策の是正を求めるデモとなるのか、または、自分たちより相対的な弱者を見出して攻撃するデモや排外主義的なナショナリズム型のデモとなるのか。

＊33　伊藤昌亮『デモのメディア論―社会運動社会のゆくえ』筑摩選書、二〇一二年、二五二頁。

＊34　インディグナードスとは「怒れる者たち」を意味する。二〇一一年五月、マドリッドの若者が呼びかけたデモがスペイン全土に広がっていき、約三〇の都市で広場や公園が次々と占拠されていった。

「デモをする社会」においてSNSがデモを活性化させる役割は大きい。しかし、SNSに基づくコミュニケーション行為は、社会を創造する運動に発展する可能性がある一方で、社会を分断させる運動にもつながる危険性がある。ツイッターやフェイスブック、ユーチューブは見ず知らずの個々人がつながる紐帯の役割を果たす。しかし、ヘイトスピーチがそうであるように、SNSは他者もしくは他国、マイノリティを憎悪するだけなく攻撃するような内向きの思考と行動を助長する道具ともなりうる。一人ひとりの小さな声が集まり、政府や電力会社といった巨大な組織に対して異議申し立てを行う場合もあれば、内向きのナショナリズムに基づき、国内のマイノリティや隣国の批判へと向かっていき、時には差別的な言動につながっていくこともある。市民社会を分断するような内向きのスパイラルに陥らないように、私たちはSNSがはらむ危険性について認識を深めなければならないだろう。何が正しい情報なのかを自分自身で批判的に判断するとともに、自ら情報を発信する能力（メディア・リテラシー）が問われている。

◉デモクラシーのバージョンアップ

政治学者の宇野重規によれば、「人々は行動の必要にかられて判断し、事後的にその根拠を探る。そのような行動が繰り返され、やがてパターン化していくことで習慣が形成される」という。[*35] 自分たちの力で、自分たちの社会を変えていく

＊35　宇野重規『民主主義のつくり方』筑摩選書、二〇一三年。

ことが民主主義の本質である。三・一一以降、民主主義の習慣が新たに形成されているとすれば、私たちはそこにどのような意義を見出すことができるのだろうか。

三・一一以降、脱原発デモが全国各地で繰り広げられ拡大していったことは、既存のデモクラシーが機能不全に陥ったことを意味している。史上最悪の原発事故が発生して、原子力発電所の危険性が多くの人々に認識されるようになった。そのリスクを最小限に食い止めたいという要求が、長期にわたる大規模な脱原発デモに至ったのだと考えられる。二〇〇九年の衆議院選挙で多くの有権者は、従来の自民党政治とは異なる政治を選択し、政権交代につながった。しかし、一一年以降、国民の多くが原発政策の転換を求めているなか、原発再稼働を強行する民主党政権に対して、人々は街頭でデモという行為によって意思表示を行った。政治的代表制の歪みを市民自らが是正しようとする言動に「デモをする社会」のデモクラシーの可能性をみることができる。大飯原発を再稼働させた野田首相は、その後、官邸前抗議の主催者たちと官邸で会談を行っている。民主党政権は国民の支持を失い崩壊したものの、最終的に「二〇三〇年に原発依存度ゼロ」を掲げるようになった。官邸前抗議が一定の影響力をもちえたといえるかもしれない。

「デモをする社会」はデモクラシーのあり方を変える可能性を有している。格差・貧困問題に取り組む湯浅誠は、内閣府参与に就任し、政権の内部に入って初めてわかったことがあるという。それは「誰が調整責任を負うのか」という民主主義の問題である。[*36] 湯浅は、「多くの人たちが『決めてくれ。ただし自分の思い通りに』と個人的願望の代行を水戸黄門型ヒーローに求めるのではなく、『自分たちで決める。そのために自分たちで意見調整する』と調整コストを引き受ける民主主義に転換していくためには、さまざまな立場の人たちと意見交換するための社会参加、政治参加が必要」だと主張する。デモという行為は人々が参加する時間と空間を創造する営みである。これまでの原子力政策は、原子力ムラという閉鎖的排他的な空間のなかで決定、継続されてきた経緯がある。そこに風穴を開けようと試みたのが三・一一以降の一連の脱原発デモだったのではないだろうか。「デモをする社会」は、人々が「参加する社会」である。「参加する社会」は、人々が「対話する社会」、さらには人々が多様な意見を「調整する社会」につながっていく可能性を有しているといえるだろう。

＊36　湯浅誠『ヒーローを待っていても世界は変わらない』朝日新聞出版、二〇一二年、八－一八頁。引用文は九〇頁。

【より理解を深めるための文献】

五野井郁夫『「デモ」とは何か—変貌する直接民主主義』NHKブックス、二〇一二年
日本の戦後史をデモという視点から分析し、時代ごとに変わる日本人と政治の関係にアプローチした若手政治学者の作品。わかりやすく入門書としてお薦めできる。

小熊英二『社会を変えるには』講談社現代新書、二〇一二年

社会を変えるにはどうすればいいのか。歴史・思想・理論からアプローチした力作。同編『原発を止める人々──3・11から官邸前まで』（文藝春秋、二〇一三年）も合わせて読んでみたい。

伊藤昌亮『デモのメディア論──社会運動社会のゆくえ』筑摩選書、二〇一二年

日本で起こった脱原発デモ、排外主義的なデモだけでなく、海外のデモも対象にして、メディアとしてデモ自体が有する本質的な意味を解明しようとした意欲的な作品。

5 メディアとポピュリズム

はじめに

街を丸ごと飲み込む巨大な津波、不気味な煙があがる福島第一原発。二〇一一年三月一一日に起きた東日本大震災とその後の福島第一原発事故に際して、テレビで繰り返し流された映像は、いまでも多くの人々の脳裏に焼きついているだろう。私たちは、桁違いの震災と津波に驚愕し、原発事故がはたしてどこまで深刻化していくのか、固唾をのんでニュースをみていた。現地の人々はもちろんのこと、事態はどれくらい危機的なものなのか、これからいったいどうなるのか、かなりの緊張を強いられながらメディアが流す情報に接することとなった。同時にまた、メディアから流れる情報により、人々は何をどうすればよいのかを考え行動に移していった。多くの情報を人々に伝えるメディアの影響力の大きさと社会的な役割の大きさを、改めて思い知らされた。[*1] ここでは、私たちの社会に大きな

＊1 三・一一とメディアの問題について扱った文献は多数あるが、さしあたり、山田健太『三・一一とメディア――徹底検証 新聞・テレビ・WEBは何をどう伝えたか』（トランスビュー、二〇一三年）を参照にされたい。

影響を与えているメディアと政治の関係を中心に考えてみることにしよう。

一　二〇一一年の二つの出来事

◉三・一一と大阪W選挙

東日本大震災と福島第一原発事故が起きた二〇一一年は、メディアと社会、政治について考えさせられるもう一つの出来事が起きた年でもある。この年の一一月、大阪市長選挙・大阪知事選挙の同日選挙が行われ、大阪維新の会から立候補した二人の政治家が圧勝した。いわゆる大阪W選挙である。二人のうちの一人は、知事を辞職して大阪市長に立候補した橋下《はしもと》徹だった。この選挙以前から、橋下は、メディア上での様々なパフォーマンスにより高い支持を得ていた。大阪W選挙は、橋下のみならず、彼の後任知事として立候補した松井一郎も対立候補を圧倒し、橋下人気のすさまじさを見せつける結果になった。[*2]

三・一一と大阪W選挙。この二つの出来事にみられるように、現在の日本では、メディアの果たす役割は重要であり、また影響力も大きい。しかし、東日本大震災と福島第一原発事故をめぐる報道にも示されるように、メディアの関心はかなり移り気でもある。そして、メディアの関心がめまぐるしく変わるのと歩調を合わせるかのごとく、この間の日本の政治もめまぐるしく変化した。そうしたなか

＊2　大阪W選挙については、松谷満「誰が橋下を支持しているのか」（『世界』二〇一二年七月号）が選挙時の有権者の意識調査に基づいた分析を試みている。

にあって、メディアが向ける関心と波長がぴったり合い、政治的な勝利を収めたのが橋下を中心として結成された大阪維新の会だった。

三・一一からまだそれほど経過していないにもかかわらず、原発をめぐる議論への関心が薄れる一方、メディアと共鳴しながら派手なパフォーマンスが繰り広げられる日本の政治の姿がある。こうしたメディアと共鳴したパフォーマンス中心の政治は、それを積極的に報ずるメディアが存在し、また、それを容認したり支持したりする市民がいて初めて成立する。こうした政治のあり方を、ここではポピュリズムの政治と呼ぶことにしよう。[*3]

◉メディアは何を報じ、何を報じないのか

二〇一一年にメディアが注目し多くの情報を流した二つの出来事は、日本のメディアと政治のねじれた関係を私たちに示しているように思われる。

原発の問題に関していえば、福島第一原発事故が起こる以前、日本のメディアが原発の問題を正面から捉えることはほとんどなかった。つまり、原発建設は基本的には既定路線であり、原発の問題は徹底的に非政治の領域に閉じ込められていたといえよう。しばしば起きる原発関連の事故についてメディアが取り上げることはあっても、原発依存、原発建設そのものの是非を問うという姿勢はほとんどみられなかった。したがって、原発は原発立地予定地で住民投票や選挙の争点

＊3　ポピュリズムについては、吉田徹『ポピュリズムを考える』（NHK出版、二〇一一年）が包括的な議論を行っている。

になることはあっても、国政レベルで争点となることはなく、その意味では原発依存社会は「国策」化していたといえるだろう。[*4]

一方、二〇一一年秋に行われた大阪W選挙では、メディアが積極的に政治の問題を取り上げた。もちろん、この流れは大阪W選挙に始まったわけではない。福島の事故以前から、名古屋の河村たかし市長、阿久根の竹原信一市長等、メディアを通じて知名度をあげた、選挙に強い政治家があちこちに登場した。そこでメディアが取り上げる政治の世界は、一種の政治劇に近いものであった。二〇〇五年に行われた、いわゆる「郵政選挙」は、しばしば「小泉劇場」などと表現されるが、このあたりから、メディアによる劇場型政治の増幅現象が顕著になってきたといえるだろう。大阪W選挙の主役となった橋下は、そうしたメディア政治の象徴的な人物であった。

この選挙で橋下らが掲げた大阪都構想はメディアに乗って多くの人々に知られるようになり、彼らが結成した大阪維新の会は一種のブームにさえなった。[*5] 非政治の領域に押し込められた原発に対して、橋下らの大阪都構想は、大阪の住民以外の人々にも広く知られる政治的争点となった。

以上のことから、現在の日本社会における政治とメディアの関係について、以下の三点を指摘できるだろう。第一は、日本社会に存在する様々な問題に関して、メディアは政治的な問題として取り上げる場合がある一方で、むしろ政治的な問

＊4　三・一一以前の日本における原発報道のあり方については、武田徹『原発報道とメディア』（講談社現代新書、二〇一一年）、上丸洋一『原発とメディア―新聞ジャーナリズム二度目の敗北』（朝日新聞出版、二〇一二年）を参照されたい。

＊5　大阪都構想については、橋下徹・堺屋太一『体制維新―大阪都』（文春新書、二〇一一年）が大阪W選挙にあわせるかたちで出版された。大阪都構想についての批判的な考察としては、澤井勝・村上弘・大阪府政調査会編著『大阪都構想　Q&Aと資料』（公人社、二〇一一年）、また、大阪という自治体史のなかで検討したものとして砂原庸介『大阪―大都市は国家を超えられるか』（中公新書、二〇一二年）がある。

題として取り上げることを忌避する場合もある。第二は、メディアが政治的な問題として取り上げるかどうかは、日本の世論に大きな影響を及ぼすということである。政治的問題として取り上げられれば、日本の世論もまたそれを政治的な問題と考え、そこから締め出されると、世論もまた、政治的な問題としては捉えないという傾向が強い。第三に、政治的な問題としてメディアが取り上げるかどうかは、世論の動向に影響を与えるが、メディアが政治的問題として取り上げなかったからといって、当該問題が政治的な問題ではないというわけではなく、その逆のパターンもまたあるということである。

いずれにしても、二〇一一年は、メディアが何を政治的な問題と捉え、何を非政治的な問題として捉えているのか、そして、そのことが世論の動向にいかなる影響を与えるのか、という問題を露呈した年といってもよいだろう。そして、メディアが政治的と捉えた問題がどのようなかたちで、あるいはどのような情報のパッケージで流されるかが、きわめて重要であるということも示されたといえる。

日本の政治と原発の問題については、第2章に譲り、ここからはメディアと日本政治の問題を、橋下に象徴されるパフォーマンスに秀でた政治家とそれを支持する世論の構造、すなわち現代日本のポピュリズムの問題から考えてみることにしよう。ポスト・フクシマの時代に生きる私たちにとって、三・一一が提起した問題に対して地に足のついたかたちで考えていくためにも、今日のポピュリズムの問題を捉え直し、市民にとっての政治の基本的なあり方について考えてみることはきわめて重要な課題の一つなのだから。

二　小泉政治[*6]

◉「政治改革」の時代とメディア政治

日本の政治がポピュリズム化しているのではないか、という問題関心が広まったのは、二〇〇一年に成立した小泉内閣、とりわけ同内閣のもとで二〇〇五年に行われた、いわゆる「郵政選挙」以降である。しかし、ポピュリズムの特徴を善悪二元論に基づく敵の設定、敵に対する激しい攻撃による世論の喚起、といった点に求めるとするならば、日本政治のポピュリズム化傾向の始まりは、もう少し前の時代、すなわち一九九〇年前後までさかのぼることができる。[*7]

この時代は、国際政治の舞台では米ソ冷戦体制が崩壊した時代にあたり、日本国内の政治では、それまでの自民党一党優位の時代が大きく揺らいだ時期にあたる。一九九三年には、細川非自民連立政権が誕生し、自民党が結党以来初めて下野した。この頃の政治の世界のキータームは「政治改革」であった。「政治改革」問題は、改革派対守旧派の二項対立的な図式としてメディアで積極的に取り上げられた。そうした政治状況のなかで中心的な役割を果たしたのが小沢一郎だった。[*8]

＊6　小泉政治についても、多くの文献・論文が発表されているが、ポピュリズムとの関係で論じたものとして、大嶽秀夫『日本型ポピュリズム―政治への期待と幻滅』（中公新書、二〇〇三年）、同『小泉純一郎ポピュリズムの研究―その戦略と手法』（東洋経済新報社、二〇〇六年）がある。また、ポピュリズム論の観点からではないものの、小泉の政治手法を知るうえで参考になるものとして、御厨貴『ニヒリズムの宰相　小泉純一郎論』（PHP新書、二〇〇六年）、内山融『小泉政権―「パトスの首相」は何を変えたのか』（中公新書、二〇〇七年）がある。

＊7　菊池正史『テレビは総理を殺したか』文春新書、二〇一一年。

＊8　当時の小沢の政治改革構想は、小沢『日本改造計画』（講談社、一九九三年）として出版され、多くの読者を得た。

小沢らの政治改革路線は、メディア報道の後押しも受け世論への影響力を強めていった。九三年の総選挙後の細川政権の成立は、ひとつの到達点であったともいえるだろう。

「政治改革」をめぐる小沢らの動きを中心に政界再編が進んでいた時代は、ちょうどテレビの政治報道が大きく変化する時代にあたっていた。それまでのテレビにおける政治報道といえば、NHKのニュースや同局の党首討論などを人々は想起していた。しかし、一九八五年にスタートしたテレビ朝日のニュースステーションは、民放による本格的な政治報道番組であっただけでなく、一種のショー化された演出を施されたかたちでの番組という意味での新しさもあった。[*9] そこには、政治に無関心な人でも関心をもつように、政治に関してあまり知識がなくてもわかるかたちで、という意図が込められていた。このニュースステーションの成功により、民放各局は積極的に報道番組作成に乗り出すと共に、NHKを含め、報道番組のショー化が進んだ。

報道番組のショー化は、日曜午前中の報道番組の登場といったかたちでの報道番組全体の増加を生み出したばかりでなく、芸能関係を中心としていた朝のワイドショー番組が、ワイドショーの手法を用いて政治を取り上げることを促した。報道番組のショー化に伴い、政治の世界は人々にとって「身近な世界」に映ることになる一方、政策や政治理念よりも、政局をめぐる人間ドラマの側面がよりク

＊9　大嶽・前掲（＊6）、菊池・前掲（＊7）。

ローズアップされることにもなった。

こうしたメディアにおける政治の取り上げ方の変化のなかで、一定の役割を果たしたのが田原総一朗である。彼が司会進行役となる「朝まで生テレビ」は、従来タブー視されていたテーマを積極的に取り上げただけでなく、その時々のテーマについて丁々発止のやりとりをテレビカメラを通じて人々に伝えた。テレビというメディアの特性は、映像という視覚に訴えるメディアであることに加え、区切られた時間帯のなかで簡潔明瞭に表現することを求める点にある。そのため、簡潔明瞭、時には過激な発言をするタイプの政治家がメディアで重用されるようになる。また、九三年の解散総選挙の引き金になった田原による当時の宮澤喜一首相へのインタビューに示されるように、メディアでの政治的発言は二者択一的な思考枠組みのなかで表現される傾向が強まった。[*10]

◉新たなメディア――インターネット

メディアが積極的に政治家を登用し、政治家もまたメディアを積極的に利用する。こうしたメディア政治の時代が始まる一方、新たなメディアとして注目され、実際に急速に影響力をもつようになったのがインターネットであった。二〇一三年七月の参院選挙は、ついにインターネット解禁の選挙となり、日本の政治もようやく本格的なネット選挙の時代を迎えることとなった。しかし、インターネッ

＊10　政治報道における田原の功罪については、民主党の参議院議員でもあった鈴木寛の『テレビが政治をダメにした』（双葉新書、二〇一三年）が参考になる。

トがどのような意味をもつのか、その功罪は何なのかという点については、今後の様々な試行錯誤のなかで明らかにされていかねばならない問題でもある。*11 ここでは、インターネットが政治の動向に大きな影響を与えた先駆的な事例として「加藤の乱」を取り上げておこう。

加藤紘一は、かつて池田勇人、大平正芳といった首相を生み出した自民党内主流派閥・宏池会《こうち》のリーダー格の政治家であった。また、自民党で大きな影響力をもっていた旧田中派―竹下派に対抗する実力派政治家として、小泉純一郎、山崎拓とのＹＫＫコンビとして注目もされていた。次代の自民党の有力なリーダーの一人だったといってよい。その加藤が、当時、度重なる失言問題などで低支持率にあえいでいた森喜朗内閣に反旗を翻し、野党が提出する内閣不信任案に同調する動きを示したのである。加藤のこうした政治的賭けを後押ししたのが、ネット上での加藤に対する支持の拡大であったという。加藤は、自らのホームページで自民党改革の必要性を訴えていた。そして、彼の不信任案同調の動きがメディアで伝えられるや、彼の行動を支持する意見が彼のホームページに多数寄せられた。ネット世論の強い支持を背景とした彼の行動はしかし、野中広務ら当時の自民党執行部による強烈な締め付けのもとであっけなく失敗に終わった。

「加藤の乱」は不発に終わり、これにより加藤自身は首相を狙える実力政治家としての地位から滑り落ちることになった。「加藤の乱」が示したのは、インター

＊11　ネット選挙のもつ意味については、西田亮介『ネット選挙―解禁がもたらす日本社会の変容』東洋経済新報社、二〇一三年。

ネットによる政治的発信が一定程度の影響力をもつようになったこと、しかし、インターネット上の反響は必ずしも全体的な世論と一致するわけではなく、また、インターネット上の政治的な意思表示が具体的な政治行動に即座に結び付くわけではないこと、であった。

◉小泉劇場

「加藤の乱」は不発に終わったものの、森内閣が危機的な状況にあることには変わりがなかった。自民党は低支持率にあえぎ、二〇〇一年の参院選の敗北は必至とみられていた。そうしたなか、森に代わって登場し、自民党を取り巻く状況を一気に変えたのが小泉純一郎であった。

森の退陣後に行われた自民党総裁選挙は、一政党の党首選びにすぎないにもかかわらず、橋本龍太郎元首相と小泉との対決が、あたかも国民による首相選びの様相を呈し、ヒートアップしていった。自民党総裁選挙がこのように盛り上がったのは、何よりもまず、小泉が「自民党をぶっ壊す」という過激なスローガンを掲げ、現状維持ないしは既得権擁護の自民党と改革者小泉という鮮明な二項対立を打ち出すことに成功したからであった。そして、メディアと適合したスローガン的な言葉を発するのに長けた田中真紀子と手を組んだことにより、小泉陣営は一挙に国民の注目の的になり、当初の予想に反して橋本を降したのである。

首相就任後も小泉は、一時的に支持率が低下することがありはしたものの、基本的には高支持率を維持し続ける。もちろん、単なるパフォーマンスだけで長期にわたる支持率維持が可能になるわけではない。しかし、様々な政策を繰り出す場合、そこにはかなり用意周到なメディア戦略が準備されていたのも事実である。*12 また、一日二回のぶら下がり会見など、積極的に自らをメディアに露出するとともに、「人生いろいろ」とか「自衛隊が行くところが非戦闘地域」など、非論理・超論理的ではあるが、断定的かつきわめて簡潔な彼の説明を前に、メディアも世論も一定の支持を与え続けることになった。

小泉劇場の真骨頂は、二〇〇五年の郵政解散に伴う総選挙であった。郵政改革法案が参議院で否決されたのを受けての衆議院解散という、それ自体憲法上の疑義が投げかけられたものの、小泉は自らをガリレオに擬し、たとえ周囲がすべて反対に回っても断固としてわが道を行くというイメージをつくり上げた。そして、選挙に際しては、郵政改革法案反対議員を公認から外すだけでなく、対立候補を立てるという戦略をとった。この戦略に対して、メディアは「刺客」、「くノ一」などといった用語を用いて、ややもすれば戯画化したかたちでの選挙報道を行った。選挙は与党対野党の対立ではなく、自民党内の小泉と郵政反対派議員の対立という側面が大きくクローズアップされた。当時の最大野党であった民主党はかすんだ存在になり、選挙の結果は小泉が率いる自民党の圧勝に終わった。

＊12　小泉政権のメディア戦略を担った当事者による飯島勲『小泉官邸秘録』（日本経済新聞社、二〇〇六年）を参考にしてほしい。

小泉政権の五年間をポピュリズムという観点からみると、次のような点を指摘することができる。第一に、中選挙区制から小選挙区制への選挙制度の変更に伴い、党首のもつ重要性が以前より高まり、強いリーダーシップをもち大衆へのアピール力があることが、政治家に求められるようになった。この点と関連して、政治家個人のパフォーマンスのもつ意味が増した。第二に、従来の新聞を中心とした政治記者による政治報道以外の媒体、たとえば新聞でいえばスポーツ紙や、テレビのワイドショー、週刊誌、インターネット等のもつ影響力が高まり、政治的イシューがイシューそれ自体として関心を集めるというよりも、人間ドラマや政治家の性格等、政策外的な要因と結び付けられるかたちで情報が流され受容される傾向が強まった。第三に、ワンフレーズ・ポリティクスという言葉にみられるように、政治の世界が簡潔明瞭な言葉で語られる傾向が強まり、このことが、政治的選択を黒か白かの二者択一的発想で考える傾向とも結び付くことになった。

三　阿久根・名古屋・大阪

◉草の根からのポピュリズム

小泉政治の五年間が終わった後、日本の政治は再び首相が短期間で変わるきわめて不安定な政治状況に陥った。その一方、ポピュリズムの舞台は中央の政治から地方の政治へと波及していった。
議院内閣制をとる国政とは異なり、二元代表制をとる地方自治体にあっては、知事や市町村長といった住民から直接選ばれる首長たちは、大統領的な性格を有している。そのため、強烈な個性を売りに住民に直接訴えかけ選挙区で当選するというパターンがしばしばみられた。一九九五年の青島幸雄東京都知事、横山ノック大阪府知事の誕生、二〇〇〇年の田中康夫長野県知事の誕生などがその例である。

世界都市博覧会反対を掲げた青島や、脱ダム宣言を掲げた田中などは、国政レベルの政党や地方政治における既得権構造との対決姿勢を示すことによって支持を得ており、二項対立的な対決の図式を利用したポピュリズム的な手法と無縁だったわけではない。[*13] しかし、より鮮明で劇的なかたちで対立構造を演出し自らの支持を獲得するタイプの首長が、小泉劇場政治が終わるころから地方の政治舞台に登場することになる。

◉ブログ市長

鹿児島県阿久根市の竹原市長の登場とその後の阿久根市政の混乱は、当時の草の根からのポピュリズムのあり様を最もわかりやすいかたちで示した事例といえるだろう。[*14] 竹原市長の場合、橋下や名古屋の河村市長等とは異なり、まったく無

＊13　田中康夫が、その後の地方におけるポピュリズムの先駆的な事例であるとの指摘は、有馬晋作『劇場型首長の戦略と功罪―地方分権時代に問われる議会』（ミネルヴァ書房、二〇一一年）が行っている。

＊14　阿久根市の問題については、拙著『首長の暴走―あくね問題の政治学』（法律文化社、二〇一一年）を参照されたい。

名の政治家であり、彼が市長を務めた阿久根市も、全国的にはほとんど名を知られていない地方小都市だった。ところが、彼の様々な政治的な発言や行動がいったんメディアで取り上げられだすと、一気に全国的にも注目される政治家の一人になっていったのである。

竹原が中央のメディアからも注目を集めるきっかけになったのは、自らのブログで発表した「落としたい議員」のネット投票の呼びかけである。その後、ブログでの市職員個々人の給与の公表や市役所内の各部署ごとへの給与額を記した貼り紙などが大きく報じられることとなった。彼のかなり特異なやり方が注目を集めた部分もあるが、「疲弊する地域経済のなかで高給を貪り、あぐらをかいている地方公務員」といった公務員バッシングの世論とも結び付いていた。一方、竹原市長はメディアを繰り返し批判し、一部のメディアからの取材を拒否するなど、メディアとの関係においても様々な問題を引き起こした。そして、そのこと自体がまたメディアでのネタとなって全国に流れ、竹原の知名度がさらにアップするという循環ができあがることになる。

いずれにせよ、竹原市長の対決姿勢を前面に打ち出し、インターネットを積極的に活用し、またメディアを批判することによって逆にメディアからの注目を集めるという政治手法は、今日のポピュリズムのひとつのあり方を示すものだった。と同時に、阿久根市のような地方小都市でも、草の根レベルでポピュリズムに共鳴する層が存在することも明らかになった。小泉政権期を通して進行した地方の衰退により、出口なき閉塞状況に追い込まれた地域住民が、少々突飛な言動を行っても、強力なリーダーシップによって現状打破をしてくれるかもしれないと期待を寄せたのが、竹原市長だった。

◉名古屋と大阪

竹原市長の登場とほぼ同時期に注目を集めたのが、名古屋の河村市長だった。河村は九三年総選挙において日本新党から出馬、当選し、その後、新進党、自由党、民主党と所属政党を変えながら衆議院議員を五期務めた。国会議員時代からテレビ番組に頻繁に登場した河村は、メディアを通して知名度をあげていった。その河村が名古屋市長に当選したのが、二〇〇九年四月のことであった。彼は、恒久減税問題や議員報酬削減問題などで市議会と対立するなかで議会リコールを仕掛け、様々な政治的な混乱を経てリコールが成立、二〇一一年二月にリコール住民投票が実施され、リコール賛成票が圧倒し名古屋市議会は解散となった。[*15] 議会との対立の推移はメディアでも大きく取り上げられ、河村は彼を党首とする減税日本を二〇一〇年四月に結成するなど、既成政党と一線を画した組織の結成にも着手した。この動きは、大阪における橋下らの大阪維新の会と並んで「地域政党」の広がりとして注目を浴びることとなった。[*16]

＊15　なお、この住民投票は、愛知県知事選挙と名古屋市長選挙とのトリプル投票として行われた。河村は、市長を辞任したうえで、出直し市長選挙を実施した。市長と議会の対立をトリプル選挙というかたちで世論の審判にかけるという政治的な演出に成功した。

＊16　名古屋の河村市政に関しては、加茂利男ほか『地方議会再生—名古屋・大阪・阿久根から』（自治体研究社、二〇一一年）、榊原秀訓編著『自治体ポピュリズムを問う—大阪維新改革・河村流減税の投げかけるもの』（自治体研究社、二〇一二年）を一読願いたい。

河村以上に、近年のポピュリズムの政治を代表する政治家が橋下であることは論をまたないだろう。周知のとおり橋下は、弁護士をしながら主としてバラエティ番組で知名度を高めていた。彼の型破りな風貌や激しく攻撃的な言葉が、しばしば物議をかもしつつも人気の源泉となっていた。*17 その彼が、「二万パーセントない」と断言した後に出馬を表明し、大阪府知事に当選したのは二〇〇八年一月のことであった。知事就任直後に財政非常事態宣言を発表した橋下は、事業の見直し・削減や人件費のカットなどを実行に移していったが、労働組合ばかりでなく、ある時は国、ある時は大阪府内市町村長など、問題に応じて敵を設定し、激しい攻撃を浴びせることでメディアの注目を集め、その多くは世論の支持を得ることにつながっていった。こうしたなかで、府議会との対立も深めていった橋下は、二〇一〇年四月に大阪維新の会を結成し、維新の会の選挙での勝利によって議会内での影響力の確保に成功したのであった。

*17　橋下徹に関しては、雑誌等も含め数多くの出版物が出されている。さしあたり、吉富有治『橋下徹改革者か壊し屋か』（中公新書ラクレ、二〇一一年）、産経新聞大阪社会部編『橋下語録』（産経新聞出版、二〇一二年）、読売新聞大阪本社社会部『徹底検証「橋下主義（ハシモトイズム）」』（梧桐書店、二〇〇九年）などを参考にしてほしい。

◉大阪都構想から国政へ

当初は、公務員や労働組合をターゲットにした既得権構造批判、「無駄の削減」による財政構造改革などが橋下府政の中心であったが、水道事業をめぐる大阪市との交渉の行き詰まりなどを経て、大阪都構想という新たな構想を掲げるようになった。これは、政令指定都市である大阪市と大阪府という二つの自治体が存立することによる様々な問題を、都という単一の自治体に統合することによって解消しようというものであった。

大阪都構想は、単なる既得権批判とは異なり、新しい大胆な制度設計を提示したものであったがゆえに、メディアそして世論の関心を集めることとなった。もちろん、大阪都構想は、従来の市と府の二重行政下での現状に対する厳しい批判と表裏一体のものであったので、既得権構造批判の文脈から出てきた構想でもあった。しかし、国の法律改正をも伴う内容の新たな構想は、橋下および彼が率いる大阪維新の会をポジティブな改革者としてアピールすることに貢献した。

大阪都構想を掲げた橋下は、都構想に理解を示さない当時の平松大阪市長との対立を深め、自らが大阪市長に立候補することを表明した。また、橋下の後任知事については、大阪維新の会の松井一郎を擁立、維新の会による府市首長の独占を図り、冒頭に述べたように、二〇一一年一一月の大阪W選挙で彼らの意図は見事に実現した。この選挙では、大阪都構想について政策的な議論が展開されたというよりも、大阪都構想が「ワン・オオサカ」というキャッチフレーズと結び付けられ、パフォーマンス中心の選挙戦が繰り広げられた。政治に対する不信感や不満をうまくすくい上げ、それを大胆なイメージをもつ変革のスローガンにまとめ上げていく手法がとられたともいえる。

大阪W選挙での勝利を踏まえ、大阪都構想実現へ向けての布石が次々と打たれるとともに、大阪維新の会の関心は国政へと向かっていった。その一つの現れが、維新政治塾の開設である。この塾には全国から多くの受講生が集まり、そのなかから、その後の国政選挙に維新の会から立候補する者が生まれることとなった。すでに結成されていた大阪維新の会は、国政への進出が結成当初から注目されていた。とりわけ大阪W選挙の勝利は、維新の会の支持基盤の急速な広がりを示したものと受け止められ、橋下や維新の会に秋波を送った既成政党政治家も少なくなかった。*18

大阪維新の会について、多くのメディアは河村が結成した減税日本と共に地域政党という用語を使って説明した。しかし、実際には、地域政党というよりは橋下や河村という強烈な個性を有する政治家のもとに結集した首長政党としての性格が強かった。*19 そのため、橋下の人気が続く限りでは一定の力をもつが、政党の組織的力というよりも党首依存的な体質をもち、また、橋下人気のもとに集まった人々の政治的立場や政策的志向性も一枚岩ではないことから、橋下人気の動向に党勢が大きく左右されたり、党内に不協和音が生じたりする可能性も大きい。実際、二〇一三年五月の橋下による沖縄米軍基地での「風俗を利用」発言とその後の従軍慰安婦をめぐる一連の発言により、維新の会の支持率は低下したが、橋下を批判する声は党内からは聞かれなかった。

ともあれ、大阪での成功と橋下らの国政に対する関心の高さは、中央政界でも

＊18　たとえば、大阪W選挙の結果を受けての記者会見で、みんなの党の渡辺喜美代表は「みんなの党と維新の会は、一卵性双生児みたいなもの」と述べ（『朝日新聞』二〇一一年一一月二八日）、市長就任の翌日に上京した橋下に対して、民主党の小沢一郎は「明確なリーダーだ。大事なリーダーだ」、国民新党の亀井静香は「あんたは本当に革命児だ」、自民党総裁の谷垣禎一も「大阪都構想をよく研究させていただく」と述べる等、橋下に対し好意的な態度を示した（『朝日新聞』二〇一一年一二月二一日）。

＊19　この点については、拙稿「首長政党の出現」（後藤・安田記念東京都市研究所『都市問題』一〇三巻四号、二〇一二年四月）。

無視できないものであった。多くの政治家が橋下らにエールを送ったが、それは、橋下率いる大阪維新の会が現在の世論の動向を敏感につかみ、それを支持獲得につなげていることに成功していたからであった。また、橋下自身も国政に対する強い関心があることを否定しなかった。誤算があったとすれば、小泉の後継首相として政権を担ったものの、無残なかたちで退陣し自民党内での影響力も必ずしも強くなかった安倍晋三が、政権復帰が現実味を帯びるなかで行われた自民党総裁選挙で総裁に返り咲いたことであった。復権をめざしていた安倍は、新自由主義とナショナリズムという政治的立場ではきわめて近い立ち位置にある橋下との連携に積極的な姿勢を示していた。[*20] しかし、総裁選に勝利し、さらに民主党政権への大きな失望のなかで実施された二〇一二年一二月の総選挙で自民党が勝利したことにより、橋下および彼が率いる維新の会の重要性は低下した。安倍自民党にとっての維新の会は、世論を右から刺激するという意味での存在意義を失ってはいないものの、積極的に連携するにはリスクが大きい存在になったのである。

◉ポピュリズムと世論

小泉劇場後のポピュリズムについて、地方における草の根へのポピュリズムの浸透、その後の大阪維新の会を中心とした首長政党の躍進とそれに伴うポピュリズムの国政への逆流という流れとして考察してきた。ここまでの考察を通して、

＊20　安倍と橋下、松井は、二〇一二年四月二四日に会見するなど接触を試みていたが、維新側は当初、安倍の自民党からの離党を念頭においていた。安倍もまた、「大阪維新の会は日本を大きく変えるパワーがある。政策でも一致点を探した方が早い」と述べるなど、政策的に近い立場であることを表明している（『朝日新聞』二〇一二年八月一五日）。安倍が自民党総裁選レースで敗れたら、安倍の自民党からの離党、維新の会と合流した新党結成というシナリオもありえたといえるだろう。

小泉政権期以後の日本政治におけるポピュリズムの特徴を整理しておこう。

第一に指摘できるのは、ポピュリズムの現象が国政に限らず地方政治の舞台でも、また、大阪や名古屋といった都市部だけでなく、阿久根市のような地方小都市でもみられるようになったことである。

第二の特徴として、小泉政権期と異なり、インターネットがもつ意味合いが強くなったことである。もちろん、小泉内閣もメールマガジンを発行するなど、インターネットを利用した支持の獲得を試みたが、まだ限定的なものであった。竹原阿久根市長のブログや橋下大阪市長のツイッターにみられるように、より能動的なかたちでのインターネットの利用が特徴的である。

第三に、地方におけるポピュリズム的な首長たちの特徴として指摘できるのは、彼らがしばしばメディアに対して攻撃的・批判的な態度をとることである。しかも、彼らが、たとえば一部のメディアの取材拒否といった類のメディアに対する高圧的な姿勢をとったとしても、メディア側が抗議するケースは少ない。むしろ、貴重なニュースのネタをいかに取り逃さないかという点にメディアの関心があり、彼らの高圧的な姿勢それ自体が、しばしばメディアを通して世論に伝えられ、注目を集めることにつながっている。

おわりに——市民とメディア

◉メディア政治のなかで

この間の日本政治にみられるポピュリズム化の流れを、メディアの問題と関連づけて考察してきた。こうしたポピュリズムの政治は、一握りの政治家によって成り立つわけではない。たとえば小泉政治を考えた場合、小泉自身は自民党のなかでは一匹狼的な政治家であり、当選回数を重ね総裁選挙にも出馬した経験があるとはいえ、九〇年代までは有力な首相候補とはみなされていなかった。その小泉が、単に自民党総裁選挙で橋本に勝利したばかりでなく、長期政権を担うことができたのは、世論からの比較的高い支持が持続的にあったからである。ポピュリズムの政治が成り立つには、世論の支持が不可欠なのである。

その世論は、どのように形成されるのだろうか。世論の形成に大きな影響力をもっているのがメディアにほかならない。人々の政治的な関心に対して、メディアがどの程度、そしてどのような意味合いで影響力を有しているのかについては、研究者のなかでも意見が分かれている。[*21] しかし、メディアが世論に何ら影響を与えないということは考えられないし、かつてに比べてテレビやインターネットが世論に与える影響が強くなっているといえるだろう。その意味で、メディアから

＊21　蒲島郁夫・竹下俊郎・芹川洋一『メディアと政治〔改訂版〕』有斐閣、二〇一〇年。

流れてくる政治や社会に関する大量の情報にどのように接したらよいのかという問題が、私たち市民にとってますます重要な問題になってきているのである。

◉メディアが流す情報

この問題は、いわゆるメディア・リテラシーの問題と言い換えることができる。メディア・リテラシーの問題自体、様々な論点があり、ここでそのすべてを説明することはできない。ポピュリズムとメディアに関連して重要な点のみを指摘しておこう。

まず、メディアから私たちはすべての情報を得るわけではなく、メディア自体が選択的に情報を流していることを理解する必要がある。メディアが森羅万象あらゆる情報を流すことはできないし、仮にそのようなことをメディアが追求するとするならば、それは単なる情報の垂れ流しにすぎない。問題は、メディアが政治や社会に関する様々な情報を、どのような基準でどのように選択するのか、そこでオミットされる情報は何なのか、ということである。

福島第一原発事故後の問題を取り上げれば、大飯原発再稼働問題をめぐるメディア報道が一つの参考事例となるだろう。この問題をめぐっては、二〇一二年夏に、首相官邸前で大規模なデモが行われ、世論も注目するところとなった。しかし、初期の段階においては、このデモはメディアにはきわめて小さなかたちでしか取り上げられなかった。[*22] もちろん、デモに対する評価は様々であろうが、きわめて大規模で自然発生的なデモの様子[*23]についてのメディアの消極的な扱い方が、日本の原発をめぐる世論に影響を与えたことは否定できない。

メディアが情報を選択し加工することは不可避であり必要でもあるとしても、その際にどのような意図がそこに働いているのか、という点は慎重に見極める必要があるだろう。福島第一原発事故以前、マスコミのほとんどが原発問題を積極的に取り上げなかった背景の一つに、大手広告主としての電力会社の存在があったとしばしば指摘される。もしそうであるとするならば、それは歪められたかたちでの情報の取捨選択であったといわざるをえない。

竹原阿久根市長や橋下大阪市長は、しばしばメディアの取材に苛立ち、激しく衝突することもあった。メディアに乗るかたちで支持の動員に成功した彼らがメディアに苛立つのはなぜなのだろうか。それは、ポピュリズムと親和的なメディアの特性と密接に絡んでいる。すなわち、何らかの敵を仕立て善悪二元論的に明快に敵を攻撃するという方法は、今日のメディアにおける政治報道とも共鳴している。それがわかりやすくもあり、劇的な演出効果とも結び付きやすいからである。ポピュリズム的な政治家たちは、彼らが他者を攻撃する際には、こうしたメディアの特性を十分に利用しているのである。しかし、メディアが向かうのは、彼らが仕立てた「敵」ばかりではなく、時には彼ら自身にも向かってくる。橋下

＊22　山田・前掲（＊1）。
＊23　デモの状況については、野間易通『金曜官邸前抗議――デモの声が政治を変える』河出書房新社、二〇一二年。

大阪市長の慰安婦発言をめぐる一連のやりとりは、メディアが二元論的な枠組みで橋下発言を取り上げようとすることへの彼の苛立ちを生み出していった。

今日のメディアは、善悪二元論的な枠組みで、簡潔かつ劇的なかたちでの情報パッケージを求める傾向があり、メディアがそうした情報パッケージを求める背景には、そうした類の情報に無批判的であるどころか、むしろ積極的に受容する世論の存在があるのではないだろうか。このように考えてくると、メディアとポピュリズムという問題は、実は、私たち市民の情報やメディアに対する姿勢に左右されている部分も少なくないといえる。

◉市民と世論

メディア社会学の専門家・佐藤卓己は、『輿論と世論』という興味深い著書の最後を「再び輿論を」という言葉で締めている。[*24] この本は、近代以降の日本の言論社会の推移をたどりながら、パブリックオピニオンを意味する「輿論」という言葉が後退し、人々のその時々の漠然とした感情を表す「世論」が支配的になっていった過程を興味深く描いている。「輿論」には、様々な価値観や利害の違いを前提として、社会全体としての「公論」を築き上げていくという意味合いが含まれている。近年注目されている「熟議民主主義」という言葉にも示されるように、「輿論」とは、人々の間の議論や様々な思考の積み重ねの末に生み出されて

＊24　佐藤卓己『輿論と世論―日本的民意の系譜学』新潮選書、二〇〇八年。

くるもの、ということができるだろう。これに対して「世論」は、その時々の移ろいゆく世の中のおおよその見方であり感じ方である。近年頻繁に行われるメディアによる世論調査は、まさに「世論」の現状を調査したものにほかならない。「世論」はあくまで「世論」であり、「輿論」と区別されるとするならば、「世論調査」の支持率の推移が政治状況を左右し、さらには「次の首相候補」についての世論調査結果が実際の次期首相選びに影響を与えるという現在の日本の政治状況は、[*25]相当に危ういものといえないだろうか。

ポピュリズムに足をすくわれないためにも、様々なメディアのもつ特性を見極めながら情報に接し、常に様々なアンテナを張りめぐらせること、そして何よりも、異なる利害や価値観の存在を前提として、他者と議論し相互に考えや意見を深めていく、そうした政治の文化といったものをつくっていけるのかどうか。私たちに求められていることの一つは、そうした市民としての政治の作法を身につけることにあるのではないだろうか。

＊25　柿崎明二『「次の首相」はこうして決まる』講談社現代新書、二〇〇八年。

【より理解を深めるための文献】

蒲島郁夫・竹下俊郎・芹川洋一『メディアと政治〔改訂版〕』有斐閣、二〇一〇年

政治学の分野で、メディアについてどのような研究が行われてきたのか、理論史的ポイントを整理している。また、日本の政治報道の現場を論じたパートもあり、日本の政治とメディアの問題を考えるうえで、まずは読んでおくべき文献。

吉田徹『ポピュリズムを考える』ＮＨＫ出版、二〇一一年

ポピュリズムの歴史的・理論的な問題を包括的に検討し、今日のポピュリズムの問題をどのような視点から捉えたらよいのか、とりわけ民主主義との関連で考察している。広い視野からポピュリズムを考えるための好著。

平井一臣『首長の暴走—あくね問題の政治学』法律文化社、二〇一一年

日本の地方政治レベルでのポピュリズム現象を、実際に起きた出来事に即して考察している。ごく普通のどこにでもある小さな自治体でもポピュリズムは起こりうる。そして、それは決して特殊な現象ではない、ということを考えてほしい。

6 男女共同参画とローカルなジェンダー政治

はじめに

地震などの自然災害は、老若男女の区別なく地域住民を襲う。しかし、それがどのような被害に結び付くかについては、性別や年齢のほか、健康状態、住んでいる地域や家屋の種類、さらには経済状態や家族や友人・近隣住民との関係など、様々な要因によって違いが生じるといわれている。なかでも性別は、他の要因と合わさることによって、様々な被害をもたらす。たとえば、一九九五年一月に起きた阪神・淡路大震災では、犠牲者のうち男性が二七一三名、女性が三六八〇名（不明九名）で、七〇歳代以上の死亡者数に占める女性の割合は六〇%を超えている。一方、東日本大震災では、全体としては死亡者に占める女性の比率は五三%とそれほど高くない。[*1] 他方で、仮設住宅での孤独死については男性のケースの方が多いようである。

＊1　二〇一一年四月一一日時点の数値（内閣府『平成二三年版防災白書』二〇一一年一〇〇頁、参考資料六）。

また海外の災害の例をみると、二〇〇四年に起きたインドネシア、スマトラ沖地震・津波では女性の犠牲者が多かった。[*2] なぜ女性の犠牲者が多かったのか一概にはいえないが、漁村では男性は沖に漁に出ていたり用事で他のまちへ行っていて助かったが、女性は家で子どもやお年寄りの世話をしていて津波にあったケースが多かったことや、スリランカでは女性は泳ぎや木登りを教わる機会が少なく逃げることができなかったことなどが理由ではないかと考えられている。

このことからわかるのは、自然現象としての災害は様々な社会的・経済的・文化的な要因に媒介されて具体的な個々の被害へと結び付くということである。つまり、地震や津波という大きな自然災害が襲ってきたとき、頑丈な建物に住んでいるか、働いているか、逃げる手段や技能をもっているか、子どもやお年寄り、障がいを抱えた人や病人の世話を任されているか、「逃げずにとどまり、他の人々を助けるべき」といった規範を内面化しているか、など様々な要因によって被害の程度は変化する。また災害の直後だけでなく、長く続く避難生活や復興の過程でも、このような要因は人々がこうむる被害（心理的、身体的、経済的な被害）やそこからの立ち直りに大きく影響するだろう。これらの様々な要因と分かちがたく結び付いているのが、ジェンダーである。

＊2　国際ＮＧＯのオックスファムの調査によると、インドネシアの北アチェ地区の四つの村の犠牲者のうち七七％を女性が占め、最も被害が大きかったクアラ・カンコイ村では犠牲者の八〇％が女性だったという。インドやスリランカでも同様に女性の犠牲者が多い傾向がみられた（Oxfam International, The tsunami's impact on women, Oxfam Briefing Note, March 2005）。

一　ジェンダーと権力

◉ジェンダーとは

ジェンダーとは何なのか、その定義については論争があるが、ここではとりあえず代表的な定義を挙げておく。現時点で比較的広い範囲のジェンダー論者のなかで合意があると思われるのは、歴史学者のジョーン・スコットの定義である。スコットは、ジェンダーとは「性差の社会的組織化」であり、「肉体的差異に意味を付与する知」であると述べている。[*3] この意味について考えてみよう。

まず、スコットのいう「知」とは、客観的な真実あるいは事実を知っているということを表すのではない。そうではなく、スコットは「知」を人々の関係を定義することによって人々の間に不平等や支配─従属関係、階層関係を生み出しうる、すぐれて権力的な営みであると捉えている。

「肉体的差異に意味を付与する知」とはどういうことだろうか。やや突飛な例を挙げてみよう。そもそも肉体的差異はすべての個人の間に存在する。私とあなたとは、髪の色も違えば、身長や体重も違うはずだ。しかし、多くの場合、通常の日常生活では私たちはそれらの差異に意味を付与していないし、その差異によって社会的な役割や振る舞い、法的・制度的な扱われ方（すなわち社会的組織化）

＊3　ジョーン・W・スコット（荻野美穂訳）『ジェンダーと歴史学』平凡社、一九九二年。

が異なるべきだとは考えない。

たとえば、身長一六五センチメートル以上の人間はある特定の生き方を選択し、それ以下の人間は別の生き方を選択すべき、などとは普通は考えない。しかし、ある条件や文脈のもとでは、そのような肉体的な差異によって、処遇を変えることが許容されうる場合がある。たとえば、大相撲の力士になるために受けなければならない新弟子検査では、一六七センチ以上の身長があることが合格の要件の一つである。*4 ここでは身長が一六七センチ以上かどうか、という肉体的差異に「力士としてふさわしい体格」という意味が付与され、そしてその条件に合う者のみ大相撲力士として相撲をとることが許可される（つまり条件に合わない者は力士になれない）、という社会的組織化がなされるという関係がある。

少し考えてみればわかるように、身長が一六七センチを一センチ下回ったからといって、力士としての実力にそれほど大きな影響があるとは思われない。また、基準は絶対のものではなく、権限をもった人の意思で変更しようと思えばいつでもできる。*5 しかし、たった一センチであっても身長が基準に満たない力士志望者にとっては、この差は人生を左右する大問題である。つまり、ここで身長一六七センチに「意味を付与する知」は、力士志望者の職業選択を制限するという意味で、権力的な行為ということができる。そして、基準を決める権限をもつ人は他の人間の生き方に影響を与える権力をもつ。さらには、この例とは違って、誰が

＊4　実際の合格基準はもっと複雑だが、ここでは議論のために単純化している。

＊5　実際、しばらく前までは合格に必要な身長は一七三センチであったが、近年、身長基準が緩和された。

権限をもっているか明らかではない「知」も社会には多く存在する。たとえば、「日本人」（この概念の定義もまた揺れ動くものであるが）は「こういう美徳がある」、「こう行動すべき」という考えが何となく社会全体で共有されるとき、その知をつくりあげているのはいったい誰なのだろうか。

ジェンダーは、現代社会において人々の生活にかなり大きな影響を与えている「知」であるといえる。ジェンダーは、肉体的差異に「男」と「女」というカテゴリーを割り当て、それに社会的役割や望ましい振る舞い方（たとえば、仕事と家事育児の分担や、男らしい・女らしい身なりや行動）を割り当て、それによって社会を組織化する（たとえば、男性と女性が異なる職業を選び、労働時間や賃金が違うという結果をもたらす）という権力的な営みなのである。

そして「男」と「女」、男らしさや女らしさの規範は、多くの場合、不平等とつながっている。「役割が違うだけで、どちらも大切だから問題ないよね」というわけにはなかなかいかない。たとえば、包容力がある、責任感がある、弱音を吐かないという性格や振る舞いは「男前」という言葉で表現されることがあるが、それに対して「女前」という言葉はない。これは単に言葉の問題ではなく、男性の方がリーダーにふさわしいという考えや、リーダーになろうとする女性は女らしくないという評価と結び付く。反対に、女らしさと従順さが結び付けられると、女性は男性に従うものだとか、男性の意見に声高に反論したり、批判してはいけないという考えを生み出す。また、介護や保育といったケア労働が「女らしさ」と結び付けられたならば、介護や保育に関連する職業に就きたいと考える男性が減ったり、そういう仕事をする男性を「男らしくない」と見下してしまうようなことにもなりかねない。つまりジェンダーは、第一に「男」と「女」とされる人々の間に階層関係をつくりだし、第二に、男性や女性という同じカテゴリーで括られる個人の間にも、階層関係を生じさせるような「知」なのである。[*6]

さて、それでは男性と女性の間の肉体的差異とは、自然で自明のものなのだろうか。肉体的差異（セックス＝身体的な性別、生物学的性差）が先に存在して、それに男らしさや女らしさという文化的・社会的な性差が後から割りふられるという考え方に対して、その順序は実は逆ではないかと指摘したのがジュディス・バトラーというフェミニスト思想家である。[*7] 彼女の議論は「セックス／ジェンダー二元論への批判」と要約される。[*8]

私たちはどうしても、身体的性別（バトラーのいうセックス）が客観的に存在すると考える傾向がある。だが、性別を分ける身体的差異というのは、よく考えてみると何のことなのかわからなくなる。外生殖器の形態が違うということなのだろうか、それとも性染色体（XXかXYか）の違いなのだろうか。しかし、私たちは日常、道ですれ違ったり会話する相手の性器の形態や染色体をわざわざ確かめてから、相手を男だ、女だと認識しているのではないだろう。どちらかといえ

＊6　男性性を単数形ではなく複数形（masculinities）として捉えるべきだと主張し、覇権的（ヘゲモニック）な男性性と従属的な男性性の間の階層関係を指摘したのがレイウィン・W・コンネルである（Connell, R. W., *Masculinities*, Cambridge: Polity Press, 1995. 田中俊之『男性学の新展開』青弓社、二〇〇九年）。

＊7　スコット自身は、性別という肉体的差異が自明のものとして存在しているとは述べていない。

＊8　「おそらく、『セックス』と呼ばれるこの構築物こそ、ジェンダーと同様に、社会的に構築されたものである。実際おそらくセックスは、つねにすでにジェンダーなのだ。そしてその結果として、セックスとジェンダーの区別は、結局、区別などではないということになる」ジュディス・バトラー（竹村和子訳）『ジェンダー・トラブル―フェミニ

ば、相手の服装や髪型、声の高さや話し方をもとにして、相手の身体的性別を推測している。また、性器の形態といっても個人の成長の過程で変化しうるものだし、さらには「男」あるいは「女」というグループに分類される個人の間でも、きっと様々に異なっているだろう。[*9] それなのになぜ私たちは、肉体的差異を二つに分けることができると思ってしまっているのだろう。

このように考えると、バトラーの言おうとしたことが何となくわかってくる。つまりバトラーは、「男」や「女」というカテゴリーがあることによって、実際は一人ひとり違っているはずの人々の肉体が二つの大きなカテゴリーに分けられるというファンタジーを皆が共有してしまうのだ、ということを指摘している。先ほどの例でいえば、相手の服装や髪型、声の高さや話し方、仕草などをもとにして、相手の身体的性別を推測する（そして相手の身体的性別がはっきりしないとどうも落ち着かない）という私たちの習慣や認知の枠組みこそが、ジェンダーだともいえる。身体的性別（セックス）こそが社会的に構築されたものであるとはこういう意味である。

もちろん、バトラーの議論に納得したとしても、私たちは今日から性別をまったく無視して行動できるわけでもないし、そうすべきでもない。性別が社会的に構築されたものであるとしても、それは私たちの認識や行動に大きく影響しているし、一朝一夕で変えられるものでもない。たとえば、すべての公衆浴場を混浴

ズムとアイデンティティの攪乱』青土社、一九九九年、二八－二九頁。

＊9　またなかには、心と身体の性別が一致しないと感じる性同一障害といわれる人もいるし、女性器と男性器の両方の特徴を有する身体をもつ人もいる。

にするのが望ましいわけでもないし、公衆トイレや更衣室を男女共用にすべきというわけでもない。そうではなく、重要なのは、第一に「男」「女」というカテゴリーで分類したり、処遇を違えたりするのが適切でないケースがよくあるということを認識しておき、その可能性を常に疑ってみること。[*10] 第二に、私たちが「女らしさ」「男らしさ」と考える特性は普遍的なものではなく、社会や時代によって変わりうるものである。だからこそそういう「女らしさ」「男らしさ」にそぐわない性格を笑いものにしたり、異なる行動をとる人々が実生活において不利益をこうむるような制度や社会をそのままにしておくべきではない、と理解することである。

◉「脆弱性」「回復力」とケア

ここで、災害とジェンダーに話を戻そう。現実の社会において、私たちは性別に基づいて様々な役割を割りふる傾向がある。そしてこのことは災害時に一層顕著になる。先行研究では、災害時に性別による役割分担が強化される傾向があることが指摘されている。たとえば、避難所の食事づくりを女性だけが担当するようなルールがつくられる一方で、避難所の運営や復興計画の決定から女性が排除される傾向があり、女性は復興資源へのアクセスが限られる、といったことが報告されている。[*11]

*10　たとえば、試験で合格点をとったのに性別を理由に不合格とするのは不当だろうし、性同一性障害やトランスジェンダーの人にとって公衆トイレや銭湯が男女別になっており、個室がないことはとても生きにくいことかもしれないと想像してみよう。

*11　そのほか、家事を担当することが多い女性は飲料水や食料・燃料確保にかかる負担や時間が増大する、育児や介護などのケア労働の負担が女性に集中する、震災で会社が被災したり不景気になったときに不安定雇用に就いている女性から先に解雇され、復興時にも男性の方が早く雇用される傾向があることなどが指摘されている（池田恵子「ジェンダーの視点を取り込んだ災害脆弱性の分析―バングラデシュの事例から」『静岡大学教育学部研究報告（人文・社会・自然科学篇）』六〇号、二〇一〇年、一一－一六頁）。

一般に、平常時から社会のなかで弱い立場にいる人々は、災害という非常事態においてはさらに困った立場におかれることが多い。このことを「脆弱性（vulnerability）」という言葉で表す。これはその人自身が弱いということを意味するのではなく、社会や制度がその人を脆弱な存在にしてしまっていることを意味する。[*12]そして脆弱な立場にある人々のケアを担う人々もまた、脆弱な立場におかれる傾向がある。子どもの育児のために仕事を辞めた女性は、夫と離婚したくても経済的な心配から離婚できなかったり、離婚しても子ども連れでは再就職がうまくいかず貧困に陥るかもしれない。災害時には、ケアを担う人の脆弱性も拡大する。たとえば東日本大震災では、障がい児を抱えた家族が、周囲の被災者の迷惑になるからと避難所にも入らず、自家用車やライフラインの途絶した自宅で避難生活を送ることもあったという。

しかし、逆の側面もある。災害というのは、普段は「普通」に生活している多くの人々が脆弱な立場におかれるという事態である。このようなとき、日頃から脆弱な立場にいる人々、またそのような人と行動をともにしている人々の知識や経験が役立つことが大いにありうる。[*13]つまり、「脆弱性」にさらされた経験をもつ人は、災害時にその経験を「回復力」へと変えることができる可能性をもっている。そのように考えると、ケアという仕事や経験をもつ人々の声を、防災や災害への対応、復興に活かすことはとても大切である。そしてケアの重要性を評価

＊12　たとえば、保育・介護施設を津波が来ないような高台に建設しておけば、子ども・高齢者の津波に対する脆弱性は低下するだろう。

＊13　老いた親を自宅で介護している人は、自治体の福祉事務所の担当者や介護士、ケアマネジャー、頼れる友人の連絡先も知っているだろうし、以前に親しい人を亡くして辛い思いをした経験がある人は、災害で家族を亡くした人にどのように寄り添えばよいかを知っているかもしれない。

したうえで、ケアを特定のグループの人々（女性）だけに固定化してしまうことなく、皆がケアを分担する社会にしていく必要がある。

二　男女共同参画の時代

◉国際社会への対応

一九九五年に起こった阪神・淡路大震災と二〇一一年の東日本大震災、二つの大震災の間には一六年という時間が経過した。この間に、日本政府は男女共同参画社会の推進に取り組んできた。しかし、男女共同参画社会を実現するための政策がこれまでどのような成果を上げてきたのかについての評価は定まっていない。本節では、政策の変遷とこれまでの成果について紹介する。

日本における男女共同参画社会の形成推進にかかわる政策（以下、男女共同参画政策という）の誕生と変遷は、国際社会の潮流と国内政治過程の両面から理解することができる。*14

国際社会のほうでは、国連設立当初から、性差別の撤廃にむけた取り組みが行われてきた。国連総会は一九七五年を「国際婦人年」にすることを決議し、メキシコシティで世界会議を開催した。そして一九七六年からの一〇年間を「国連婦人の一〇年」と銘打ち、各国が女性の地位の向上のために行動を起こすことを求

＊14　男女共同参画政策の経緯については、坂東眞理子『日本の女性政策―男女共同参画社会と少子化対策のゆくえ』（ミネルヴァ書房、二〇〇九年、第三・四章）、神崎智子『戦後日本女性政策史―戦後民主化政策から男女共同参画社会基本法まで』（明石書店、二〇〇九年、第三章）、辻由希『家族主義福祉レジームの再編とジェンダー政治』（ミネルヴァ書房、二〇一二年、第二章）などを参照。

めた。[*15] また女子差別撤廃条約が一九七九年の国連総会で採択され、日本も一九八五年に締結した。この条約の締約国は、国内の男女差別の解消・男女平等の実現状況について、定期的に女子差別撤廃委員会に報告を提出し、委員会から評価や勧告を受けることになっている。日本政府は国際社会にむけた説明責任を果たすために、国内法の改正や行政機構の整備、男女共同参画政策を進めてきた。

女性の地位向上政策に責任をもつ公的機関はナショナル・マシーナリーと呼ばれ、世界女性会議でその設立を各国政府に求めることが確認された。[*16] これに対して日本政府は、まずは婦人問題企画推進本部と婦人問題企画推進会議を設置した。推進本部は首相が本部長、関係する一一の府省庁の事務次官がメンバーとなり、事務局として婦人問題担当室が総理府におかれた。また、婦人問題企画推進会議は首相の私的諮問機関という位置づけで、女性団体の代表やジャーナリスト、研究者など女性問題に詳しい有識者がメンバーに選ばれた。これ以後、一方で国際社会の動きに対応しつつ、他方で国内の政界再編や行政改革の流れのなかで、日本政府は様々な政策を実施してきた。

次項では、一九七五年から現在までを「男女共同参画前史」（一九七五〜八五年）、「男女共同参画成立期」（一九八六〜二〇〇〇年）、「男女共同参画展開期」（二〇〇一年〜現在）の三つに分け、それぞれの時期の特徴について時代背景、ナショナル・マシーナリーの体制と権限、政策内容、に注目して検討しよう。

＊15　メキシコシティのあと、コペンハーゲン（一九八〇年）、ナイロビ（一九八五年）、そして北京（一九九五年）で開催されてきた世界女性会議には、政府代表だけでなくNGOスタッフなど民間の女性たちも参加して活発な議論を行い、行動計画などを採択して各国・各社会における男女平等の推進を図ってきた。

＊16　日本のナショナル・マシーナリーに関しては、岩本美砂子「日本における女性政策ナショナルマシナリーの分析―「無私・無謬の官僚」神話と女性政策マシナリーの困難」（『三重大学法経論叢』二四巻二号、二〇〇七年、一―四〇頁）や千田航「男女共同参画社会の政策形成過程―基本法の成立とナショナル・マシーナリー」（『北大法学研究科ジュニア・リサーチ・ジャーナル』一五号、二〇〇八年、一一五―一五〇頁）が詳しい。

◉「婦人問題」の登場

第一の「男女共同参画前史」(一九七五〜八五年)の時代背景として重要だったのは、国際社会からの要請であった。しかし日本国内でも、すでに高度成長期から女性の高校進学率が上がり、女性雇用者数が増加していた。それにもかかわらず職場では、女性に対する不平等な取り扱いが当然とされていた。働く女性たちは一九六〇年代から、女性のみに適用される結婚退職制や男女別定年制などの無効を求めて裁判に訴え、勝訴するという成果を積み重ねてきていた。

この時期のナショナル・マシーナリーの体制は、婦人問題企画推進本部、婦人問題企画推進会議、婦人問題担当室(総理府)であった。この体制のもと、推進会議のメンバーに選ばれた有識者たちと、婦人問題担当室の官僚たちが協力して国内行動計画の案を練り、それを首相や事務次官からなる推進本部で了承するというかたちで政策立案が進められた。しかし、首相や関係省庁の事務次官たちは婦人問題への関心や熱意が高かったとはいえず、この分野の専門知識と熱意をもつ有識者とフェミニスト官僚(フェモクラット)たちの主導で政策がつくられていった。

この時期の政策のなかで重要なのは、女子差別撤廃条約への署名・批准と男女雇用機会均等法の成立であった。条約への署名は、当初は無理ではないかと危ぶまれたが、朝日新聞の女性記者の書いた記事に反応した市川房枝ら女性議員、女性団体、労働組合婦人部、婦人問題企画推進会議および推進本部、そしてフェミニスト官僚たち（とりわけ労働省出身の女性官僚）の連携によって可能となった。[*17]また、女子差別撤廃条約を批准するためには国内法の改正が必要で、なかでも男女雇用機会均等法の成立には多くの困難があった。均等法の内容をめぐって女性団体、労働組合、経営者団体、そして政府の間で意見が対立していた状況で、法案作成と合意のとりまとめに尽力したのが、労働省の婦人少年局（後に婦人局）の局長を務めた赤松良子であった。[*18]

この時期の政策過程の特徴として、各アクターの利害や意見の対立を調整する行政官僚の重要性が大きかったといえる。もちろん、女性団体のロビイング活動や女性議員たちの国会での活動も政府に圧力をかけたし、婦人問題企画推進会議の有識者たちや労働省審議会の公益委員たちは政策の理論的な裏づけを提供した。しかし、ナショナル・マシーナリーとしての婦人問題企画推進本部や推進会議、婦人問題担当室は、法的根拠をもった組織ではないために政策の推進力をもたなかった。現実の政治過程において利害の対立する政治アクターの説得や根回しを行い、妥協をとりつけて条約署名・批准や均等法の成立へとこぎつけたのは、この問題に強い熱意をもつ労働省婦人少年局の女性官僚たちであった。

＊17　署名から五年以内にこの条約を批准するには国籍法の改正（法務省）、家庭科の男女共修への指導要領改正（文部省）、雇用の男女平等に関する法律の制定（労働省）が必要であったが、それはむずかしいのではないかと考えられていた。批准の見込みがない条約に署名はできない。しかし、婦人問題担当室が提案した関係省の課長レベルの連絡会議で法務省が前向きな発言をしたことで、他の省も姿勢を変え、署名が可能となった（神崎・前掲書（＊14）、第二章第二節。赤松良子『均等法をつくる』勁草書房、二〇〇三年、第二章）。

＊18　赤松・前掲書（＊17）、堀江孝司『現代政治と女性政策』勁草書房、二〇〇五年、第六章。

◉男女共同参画の成立

第二の「男女共同参画成立期」（一九八六～二〇〇〇年）は、男女共同参画という言葉が採用され、男女共同参画社会基本法が制定されるに至る時期である[*19]。

当時の時代背景としては、国際的には冷戦の終結やグローバル化の進展という大きな構造的変化があり、国内では、一九九三年、与党であった自民党から多くの議員が離党して新党を結成し、非自民の政党が集まって細川護熙を首班とする連立政権が誕生するという出来事が起きた。細川政権とそれに続く羽田孜政権が短命に終わったあとの一九九四年六月には、五五年体制のもとで与党と野党として対立してきた自民党と社会党が、新党さきがけとともに自社さ連立政権を打ち立てた。またこの時期は、日本の社会保障制度の機能不全が顕在化した時期でもあった。一九八〇年代から高齢者介護が社会問題となり、一九九〇年には出生率の低下が大きく報道された。日本の社会保障制度は介護や育児を家族に任せきりにしてきたが、もはや家族だけではその負担を抱えきれないということが次第に明らかになってきたのである。

この時期に、ナショナル・マシーナリーの体制も強化された。一九九四年には男女共同参画室と男女共同参画審議会が総理府に設置された。政令による設置という点で、大きな前進であった。また自社さ連立を率いる村山富市内閣は、婦人問題企画推進本部を男女共同参画推進本部へと改組した。有識者がメンバーと

＊19　一九八七年五月に策定された「西暦二〇〇〇年に向けての新国内行動計画」では、「男女共同参加型社会の形成」という言葉が使われ、その後一九九一年に同計画が改定されたときには（第一次改定）、「男女共同参画型社会の形成を目指す」という副題が付けられ、「参加」から「参画」へと表現が変えられた。坂東・前掲書（＊14）、七一頁。

なった男女共同参画審議会は、「男女共同参画ビジョン」、「男女共同参画二〇〇〇年プラン」を作成し、男女共同参画社会基本法に盛り込まれる内容を固めていった。男女共同参画審議会は、政令（のちに法律）によって法的根拠と権限が明確化され、内閣総理大臣や関係各大臣の諮問に応じて調査や審議を行い、それに関して総理や大臣に意見を述べることができるようになった[*20]。しかし、男女共同参画審議会と男女共同参画室が設置された総理府の地位は他の省庁とは横並びだったため、諮問がない限りは他の省庁のなわばり（所掌事務）に口を出すほどの権限はもっていなかった。

この時期に男女共同参画政策の制度化と立法化がスムーズに進んだのは、首相そして官房長官といった政府のトップが男女共同参画に前向きであったこと、またその背後では長く政権与党であった自民党が下野して非自民連立政権が、その後自社さ連立政権が生まれるというなかでジェンダーや家族についての新しい考え方が導入されやすくなったこと、また一九九六年から自民党の閣外協力のパートナーとなった社民党党首の土井たか子、新党さきがけの議員団座長の堂本暁子の熱心な後押しがあったことが理由と考えられる。

この時期の政策内容としては、育児休業法、介護保険法、男女雇用機会均等法（改正）、そして男女共同参画社会基本法という重要な法律が制定されている[*21]。

これまで日本の社会保障給付は国際的にみて低く抑えられており、国からの支

＊20　男女共同参画審議会設置法、第二条。

＊21　一九九九年に成立した男女共同参画社会基本法は、第二条で「男女共同参画社会の形成」を「男女が、社会の対等な構成員として、自らの意思によって社会のあらゆる分野における活動に参画する機会が確保され、もって男女が均等に政治的、経済的、社会的及び文化的利益を享受することができ、かつ、共に責任を担うべき社会を形成することをいう」と定義している。

援が少ないなかで家族がメンバーの生活、育児や介護を支えてきた。そして夫は仕事、妻はケアという性別役割分業家族がモデルとされ、税制や社会保険もそれを前提としたシステムになっていた。[*22] しかしこの時期、そのようなシステムの行き詰まりが明確となり、高齢化が進み将来の労働人口減少が予想されるなかで、女性の労働力が必要であるという考えが、政策決定者や専門家の間で共有されつつあった。

この時期の政策の大きな方向性としては、これまで家庭（とくに女性）に任されていたケア（介護や育児）について男女がともに責任を分担するとともに政府や社会が支援を行っていくこと、そして女性が結婚や出産を経ても仕事を続けていける（家庭役割を理由に差別されない）ためのしくみを整えることであった。

◉制度的権限の強化と「政治主導」

第三の「男女共同参画展開期」（二〇〇一年〜現在）は、ナショナル・マシーナリーの権限が強化される一方で、政権の性格が男女共同参画政策の方向性に対して影響を与えるようになった時期ともいえるだろう。

時代背景としては、小泉純一郎の首相就任（二〇〇一年四月）が大きな転機となった。小泉政権は、長引く不況から脱して経済を回復させるため、不良債権の抜本的処理や郵政民営化、規制緩和その他の構造改革を掲げた。これと同じ時期に、

＊22 「男性稼ぎ主型」といわれる（大沢真理『現代日本の生活保障システム—座標とゆくえ』岩波書店、二〇〇七年）。

一九九〇年代から進められてきた行政機構の改革が施行された。二〇〇一年には、それまでの一府二二省庁体制が一府一二省庁体制へと移行し（中央省庁再編）、総理府に代わり内閣府が新設された。小泉の退陣後は、短期間で自民党の首相が交代する時期が続くが、二〇〇九年には総選挙で勝利した民主党政権が誕生、その後二〇一二年に自民党が政権に復帰するというように首相と政権与党は交代を繰り返してきた。

政界は不安定だが、この時期を通して共通する大きな二つの流れがある。一つめは、規制緩和や民営化などを通じて、公共サービスに市場原理を導入し、競争によるサービス供給の効率化や選択肢の多様化をめざすという方向に進んできた。新自由主義的政策といいかえてもよい。[*23] 二つめは、「政治主導」というスローガンである。選挙によって有権者から選ばれた政治家（とくに首相と大臣）のリーダーシップによって、スピーディに政策を決定し、ダイナミックな改革を進めていく必要があると主張されてきた。

では、この時期にナショナル・マシーナリーの体制と権限はどう変わったのだろうか。二〇〇一年の中央省庁再編に際し、男女共同参画審議会は男女共同参画会議に、総理府男女共同参画室は内閣府男女共同参画局へと格上げされた。内閣府は他省庁の上位に位置し、内閣の重要政策ほか広範な分野にわたる政策について政府全体の見地から関係行政機関の連携を行うことが任務である。この内閣府

＊23　これは小泉政権によって追求された方向だが、二〇一二年からの安倍自民党政権も同じ方針であるといってよい。民主党も全面的に反対ではない。ただ、国民的人気の高かった小泉自民党との違いを出すために（また支持組織の連合の意向もあり）、民主党は二〇〇五年頃から、競争による格差や貧困の拡大への対抗手段として、社会保障制度による再分配や支援を手厚くするという方向を強く打ち出してきた。

に男女共同参画会議と男女共同参画室が設置されたことで、権限が強化された。参画会議の任務は、①男女共同参画基本計画の作成にあたり総理大臣に意見を行う、②総理や関係大臣の諮問に応じ、基本的な方針、政策、重要事項を調査審議する、③男女共同参画政策の実施状況の監視や各種政策が及ぼす影響を調査し、必要があれば首相や大臣に意見を述べることとされた。つまり、他の省庁の所掌事務に対して口を出す権限が与えられたのである。ただし、他の省庁に対して意見を述べることができたとしても、予算を獲得して実際に施策を行っていく主体は各省庁である。そのため、たとえ男女共同参画会議が仕事と家庭の両立支援策を推進するという方針を立てたとしても、各省庁がその計画に沿った施策案・予算案を提出しなければその計画は進まない。

この時期には様々な施策が進められた。家族間の暴力に関しては、ドメスティック・バイオレンス防止法や児童虐待防止法が制定され、少子化対策としては保育所の定員増（「待機児童ゼロ作戦」など）のほか、育児家庭への経済的支援の拡大（児童手当の拡大や出産費用の援助、高校授業料無償化など）がなされた。雇用については、男女雇用機会均等法の改正（間接差別規定が盛り込まれたほか、男性に対する差別・セクハラも禁止の対象になった）や、育児のためにいったん仕事を辞めた女性の再チャレンジ支援（学習・能力開発や再就職の支援）が実施された。

ナショナル・マシーナリーの権限が強化されたとはいえ、男女共同参画政策の具現化には、政府のトップや国会議員など政治家の意向が大きく影響するのが現在の政治過程の特徴である。とくに小泉政権期に政策の大きな方向性を決めたのは、男女共同参画会議と同じ内閣府に設置された経済財政諮問会議であった。経済財政諮問会議は毎年「骨太の方針」[*24]を公表し、政府が取り組む政策課題の方向性を示してきた。複数の省庁を横断する総合的な施策を新しく進めるためには、「骨太の方針」にそれを盛り込み、予算を確保することが重要であったが、それには経済財政諮問会議で了承される必要があった。[*25]

そのため、小泉政権時代には、男女共同参画政策も経済財政構造改革という大きな枠組みのなかに位置づけられた。[*26]その結果、仕事と育児の両立支援策が重視されたのに比べ、財政を圧迫するおそれのある育児家庭への経済的支援（児童手当など）の拡大や、企業経営者の反対が予想されるパートタイム労働者の均等処遇といった政策案はなかなか骨太の方針に盛り込まれなかった。経済成長や財政再建に役立つことが期待されるアイディアは受け入れられ、そうではないアイディアは排除される傾向があったといえる。

＊24　正式名称は「経済財政運営と構造改革に関する基本方針」（二〇〇一〜〇六年）。
＊25　内閣府の参事官として（男女共同参画ではなく）少子化社会対策を担当した増田雅暢が、このあたりの戦略を述べていて参考になる（増田雅暢『これでいいのか少子化対策―政策過程からみる今後の課題』ミネルヴァ書房、二〇〇八年第三章）。
＊26　千田・前掲（＊16）一四四－一四五頁。

三　成果と課題

◉変化と反発

これまで進められてきた男女共同参画政策はどのような成果をもたらし、どのような課題を残しているのだろうか。ここでは、(1)政策過程への女性の参画、(2)ケアサービスの拡大、(3)労働市場における男女平等、(4)男女共同参画への反発（いわゆる「バックラッシュ」）の四点に絞って、簡単にみていこう。

(1)とくに行政機構のなかで解決できる分野については、女性の参画が進んでいる。たとえば国家公務員Ⅰ種の採用者のなかで、女性の占める割合は一九九一年には一〇・一％であったのが、二〇一〇年には二四・三％へと大幅に上昇した。[*27] また、国の審議会等の委員も二〇一〇年には三三・八％へと上昇した。他方で、議員や首長など選挙で選出される政治代表に占める女性の割合は、徐々に増加はしているがそのスピードは遅い。たとえば国会議員の女性比率は二〇一三年時点で衆議院で八・一％、参議院で一六・一％である。[*28] 女性の地方議会議員や首長も増えてはいるが、比率はまだ低い。

(2)男女共同参画社会を実現するために、ケア責任の再分配は大きな課題である。少子高齢化の進展という避けられない変化が起こっているために、政策対応の緊

＊27　ただし、本省課室長相当職以上の女性割合はまだ数％にとどまっている。

＊28　二〇一〇年には衆議院一〇・九％、参議院で一八・二％だったが、その後の国政選挙で比率が低下した。女性議員・候補が相対的に少ない自民党が勝利したことが、女性議員率が減少した直接の理由である。

急性は高い。

介護については、介護保険制度ができたことでかなり状況が変わった。介護保険の利用者は制度がスタートした二〇〇〇年には一月あたり約一四九万人だったが、二〇一一年には約四一七万人へと増えた。[*29] とはいえ、高齢化が進んだためにそもそも介護が必要な高齢者が増えているという理由が大きいし、自宅で寝たきりの高齢者を介護している家族の負担はまだ非常に大きいが、少なくとも家族だけですべての介護を担うという状況ではなくなってきたといえる。

また保育についても、利用できるサービスは増えている。保育所に在籍している子どもの数は、一九九四年には約一五九万人であったが、少子化が進んでいるにもかかわらず、二〇一一年には約二〇七万人に増えた。ただし、保育所の定員が増えているにもかかわらず待機児童はあまり減っておらず、需要に供給が追いついていない。

さらに、家庭での家事・育児の分担については課題が多い。近年、「イクメン」という言葉が流行するなど、育児に前向きな男性も増えている。しかし、男性の育児休暇の取得率は二〇一二年度で一．八九％と低く、六歳以下の乳幼児がいる家庭での夫の一日あたりの育児時間は平均三九分（妻は二〇二分）と国際的にみてもかなり短い。[*30] そのため、第一子の出産を機に六割を超える女性が仕事を辞めるという現実がある。[*31] これは男性の意識の遅れというより、日本企業では「正社

＊29　いずれも四月審査分の介護サービス利用者数。内閣府『平成二四年版高齢社会白書』表二－三－五。

＊30　総務省『平成二三年社会生活基本調査』。

＊31　厚生労働省『平成二四年版厚生労働白書』。

員＝長時間労働」という働き方が当然とされていることが最大の原因だろう。正社員の長時間労働が当然とされることによって、家庭責任のある女性が働き続けること、男性が育児に参加することが困難になっている。[*32]

(3)労働市場の男女平等はどういう状況であろうか。単純に一般労働者の所定内給与額を比較すると、少しではあるが男女格差が縮小した。[*33] しかし、いまだに女性の平均賃金は男性よりかなり低い。それはなぜなのだろうか。実は、一九八〇年代から働く女性は増え続けているが、そのうち正社員の数はほとんど増えず、女性の雇用が増えた分はパートや契約、派遣社員など非正規雇用で占められている。[*34] 今や働く女性の半分以上が非正規雇用なのである（男性は約二〇％）。そして、日本では非正規社員は正規社員より賃金が低い場合がほとんどなので、フルタイムで働いていても女性の平均賃金は低く抑えられている。[*35] その結果、単身で暮らす勤労世代の女性（二〇〜六四歳）の三人に一人が「貧困」にあたる状態で生活している（同じ年齢層の一人暮らしの男性も四人に一人が「貧困」にあたる）。[*36]

(4)最後に、男女共同参画政策についての反発の動きについて紹介する。この動きは、フェミニストや男女共同参画社会を推進する側からは「バックラッシュ」と呼ばれる。二〇〇〇年代に入り、「ジェンダーフリー教育」や男女共同参画政策に対して「性別の解消」「男らしさ、女らしさの否定」「専業主婦という生き方の否定」「人間を中性化する」「児童の発達段階を踏まえない、行き過ぎた性教育」

＊32　男性サラリーマンが仕事と育児にかける時間の配分についてどのように感じているのかを調査した多賀らの調査によると、労働時間が長すぎて十分に育児参加できないことに葛藤を感じている男性もいる。長時間労働のせいで自分が育児に参加できる時間が少ないことや、もともと仕事を続けたいと望んでいた妻が育児のために退職したことを申し訳なく思う、そのような男性も少なからず存在するのが実態である。これを解決するのには、父親の意識改革だけでは不十分であり（というよりも、意識改革が進めば進むほど規範と現実のギャップが大きくなって夫と妻の悩みが深くなる）、長時間労働を常態化させている職場慣行の改革が必須である（多賀太編著『揺らぐサラリーマン生活―仕事と家庭のはざまで』ミネルヴァ書房、二〇一一年）。

であるとする批判が、保守系のミニコミ・論壇誌やインターネット、地方議会、国会などで広がった。地方議会では、男女共同参画推進条例の制定をめぐって、その修正や廃案を求めた運動も起きた。たとえば、山口県宇部市では審議会が答申した条例案の文言を一部修正することになり、千葉県では堂本暁子県知事が議会に上程した条例案が継続審議となり、結局は廃案となった。

しかし、これらの動きは結局のところ、男女共同参画の方向性を大きく変えるほどの力はもたなかったといってよいだろう。ジェンダーフリーという言葉は政府・自治体の文書で使われなくなったが、これまで進められてきた具体的な政策についてとくに大きな変更はなかった。「バックラッシュ派」の意図や実像をフィールドワーク調査を通じて検証しようとした山口智美らによると、バックラッシュ運動をリードした人々のなかにも色々な立場があり、男女平等自体は当然だと考える人もいたこと、地方のバックラッシュ運動には「上からの意識啓発」に重きをおく「行政主導」の男女共同参画推進条例案に対して地元住民の実情に合った条例をつくりたいという意図があったこと、一般市民の注意をこの問題に向けさせるためにあえて極端な表現を用いて「ジェンダーフリー＝過激」という印象をつくりあげるという戦略を用いたこと、それに対してフェミニスト側も多様な運動をひとまとめにして「バックラッシュ」とレッテルを貼ることでその意図や実像を一方的に解釈しており、両者の間に対話がなされなかったことなどを

＊33　一九九〇年時点で男性二九万五百円に対し女性一七万五千円（比率でいうと男性が一〇〇に対し女性六〇・二）、二〇一二年時点では男性三二万九千円、女性二三万三一〇〇円（比率は男性一〇〇に対し女性七〇・九）。

＊34　一九九〇年二月時点で、女性の雇用者のうち非正規の職員・従業員は三八・一％だったが、二〇一〇年（一〜三月の平均値）には五三・二％へと拡大した（総務省「長期時系列表九・雇用形態別雇用者数―全国」）。

＊35　厚生労働省「平成二四年賃金構造基本統計調査（全国）結果の概況」。

＊36　ここでいう「貧困」とは、相対的貧困率のことである。この値は国立社会保障・人口問題研究所の阿部彩によって計算された。男女共同参画会議基本問題・影響調査専門調査会、女性と経済ワーキング・グループ、第八回（平

指摘している。[*37]

バックラッシュが限られた期間・限られた媒体上とはいえ一定の広がりをもったという事実は、これまで表立って男女共同参画に反対してはこなかった多くの「声なき市民」の不満や不安という感情に訴えかける側面があったことを表しているのかもしれない。バックラッシュがなぜ起きたのか、「普通の人たち」はどう感じているのかについて、フェミニスト側も再検証してみる必要があるだろう。しかし、バックラッシュ派の方もフェミニズムとの対話を初めから拒否するようなかたちで批判を繰り広げてきたことは確かである。そしてそのような戦略を用いたことによって、現場で男女共同参画にかかわる自治体職員や教員、市民の気持ちに大きな傷を残すという結果を招いた。

山口らが指摘するように、バックラッシュ運動にはこれまでの男女共同参画政策やその進め方の限界と課題を示している部分もある。この経験をもとに、これからの男女共同参画政策とその進め方についてのヒントを得ることができるとしたら、それはどのような点だろうか。

◉同化と本質主義の危険性

ジュディス・スクワイアーズは、各国で女性政策を推進する行政機関（本章でいうナショナル・マシーナリー[*38]）がつくられた時期が、一方では女性運動が分裂し

成二三年一一月二〇日）、配布資料三（http://www.gender.go.jp/kaigi/senmon/kihon/kihon_eikyou/jyosei/08/giji.html）。

＊37　山口智美・斉藤正美・荻上チキ『社会運動の戸惑い―フェミニズムの「失われた時代」と草の根保守運動』勁草書房、二〇一二年。

＊38　スクワイアーズはWomen's Policy Agenciesという言葉を使っている（Squires, J. *The New Politics of Gender Equality*, Basingstoke: Palgrave Macmillan, 2007, Chapter 5）。

て個々の課題を追求するようになり全国的な運動が下火になっていき、他方でグローバル化によって国家の危機が叫ばれたり、国家機構の再編[*39]が起こる時期と重なっていると指摘している。そしてそのような時代に制度化されたナショナル・マシーナリーは、「同化（assimilation）」と「本質主義（essentialism）」という二つの危険性をもつという。

同化とは、男女共同参画の推進が、既存政策の目的や内容、あるいはそのような政策をつくるプロセス（政策過程）を変えることにつながらず、むしろ既存の政策・政治の論理に男女共同参画政策が吸収されてしまうという現象である。たとえば、新自由主義的改革のもとで国が責任をもつべき公共政策の範囲がどんどん削られ、より効率的に市場原理に即したかたちで公共サービスを提供するという方向で行政改革が進められるとき、男女共同参画政策も、人権や平等といった目的から離れ、女性・家族向けサービスの効率性や市場適合性を実現するための手段となってしまうかもしれない。

また本質主義とは、女性の間にある多様性を無視して、共通の意見・利益をもった「本質的に同一性をもったグループ」として女性を捉えてしまうことである。つまり、国が進める男女共同参画政策が女性たちの多様性や女性の間の格差を考慮せずに、ある特定の女性モデル（たとえば高学歴エリートで高収入の女性）のみを想定した政策となってしまうような場合である。

＊39　たとえば、地方分権化やEUなど超国家機構への権限移譲、あるいは民営化やアウトソーシングなど市場・市民社会への公共サービスの委託など（Banaszak, L. K. Beckwith and D. Rucht eds., *Women's Movements Facing the Reconfigured State*, Cambridge: Cambridge University Press, 2003）。

これらの危険性は、ナショナル・マシーナリーの設計の際に制度的権限（権力）を重視するか、それとも民主主義のプロセスを重視するか、という問題とつながっている。ナショナル・マシーナリーが大きな権限をもてば、改革はスピーディに進むかもしれない。しかし、ナショナル・マシーナリーの権限が政府によって支えられている限り、そのときの政府が重視する政策に沿った課題だけが男女共同参画政策として取り上げられることになりやすいだろう。逆に、ナショナル・マシーナリーを政府から独立した自律的な機関として設置するならば、政府・政権に同化する危険は減るが、政策を変えるまでの権力はもたないかもしれない。

他方で、先ほど述べたように、すべての女性に共通する課題や利益が自明ではなくなっている現代において、できるだけ多様な女性たち（そして男性たち）の声を拾い上げ、民主主義的なプロセス（討議・熟議）に時間をかけて、政策案をつくっていくような場としてナショナル・マシーナリーを設計することもできる。しかしその場合はおそらく、ラディカルでスピーディな改革の実現はむずかしくなるだろう。なぜなら、民主主義のプロセスは真剣にやろうとすれば非常に時間がかかるものであり、また多様な利害関係を調整し、交渉や妥協を重ねなければならないので、その結果できあがってくる政策はどうしても穏健なものになりがちであるからである。*40

＊40　この点について、湯浅誠のブログ記事「【お知らせ】内閣府参与辞任について」を読んでほしい。湯浅は、民主党政権下で内閣府参与に任命され、二年にわたりパーソナル・サポート・サービスと社会的包摂の推進にかかわる政策づくりに尽力した（http://yuasamakoto.blogspot.jp/2012/03/blog-post_07.html）。

おわりに――ローカルなジェンダー政治

上記のような問題は、ナショナル・マシーナリーそのものの制度設計だけで克服できるものではない。むしろ今後は、ナショナル・マシーナリー以外にも、民主主義のルートや場そのものの多様性を確保するという方向で「政治」の復権をめざすことが重要なのではないだろうか。筆者がここでいう「政治」は、昨今いわれる「政治主導」――つまり、選挙で有権者から信任を受けた強力なリーダーが、「民意」を根拠として、他のアクターとの議論や討議、交渉、妥協のプロセスを無視して改革を推し進めるような「政治」観――とは異なる。このような「政治主導」イメージでは民主主義のルートは「有権者→政党（リーダー）→政府」の一つしか存在しないし、有権者が意思を表明するのは選挙での投票という機会に限定されてしまう。そうではなく、議員、官僚だけでなく、様々な関係者や有権者が政策課題ごとに情報や専門知識を持ち寄って議論を行う場や、政策によって最も深刻な影響を受ける人々が政策決定者と議論を交わす場を増やしていく、というイメージである。

男女共同参画政策にも、そのような民主主義のプロセスを本気で取り入れていく必要があるだろう。[*41] そして、そのような経験は、すでにローカルな地域政治の

＊41　ただし、「一市民の声」と称して、あるいは市民から選ばれた議員であることをタテにして、他者を恫喝したり、他者の人権を脅かすような行為は許されないという認識もまた、社会において共有されなくてはならない。民主主義は、声が大きい者や多数者だけではなく、声が小さかったり発せない者、少数者（マイノリティ）の声が丁重に聴かれるということが埋め込まれなくては、システムとしての正統性を確保できない。この点に関して、「バックラッシュ」の対象となった側の経験を記した三井マリ子・朝倉むつ子編『バックラッシュの生贄―フェミニスト館長解雇事件』（旬報社、二〇一二年）を読んでほしい。

場で蓄積されてきている。

たとえば一九七〇年前後に起こったウーマン・リブ運動を担ったグループでは、「個人的なことは政治的なこと」として個人の生きにくさを語るなかで社会構造や制度の問題を発見するというコンシャスネス・レイジングという方法が用いられたり、従来の左翼運動とは違いメンバー間の平等を原則とした組織や意思決定のあり方が模索された。また、地域で暮らす「普通」の女性たちもグループをつくって福祉や介護、環境、食の安全など、地域と家庭の身近な課題について勉強し、よりよい解決策を求めて活動を行ってきた。一例として、安全な食品の共同購入を行う地域の生活協同組合、なかでも東京都世田谷区で一九六五年に誕生した「生活クラブ生協」は有名である。生活クラブ生協は営利企業とは異なる新しいかたちの生産・供給システムを構築するだけでなく、環境や食の安全を求めて社会運動を組織したり、東京や千葉、神奈川などで地方議会に議員（「代理人」と呼ばれる）を送る政治活動を行ってきた。[*42] このようなグループで培われてきた対話や議論の方法論を、各地域での男女共同参画の取り組みにも活かしていくことはできないだろうか。[*43]

また今後は、女性やジェンダー問題に関心をもつ人・グループと、それ以外の（時には男女共同参画やフェミニズムに違和感をもつ）人・グループとの対話も考えていかなければならないだろう。すでに地方自治体でも、市民参加によって男女共

＊42　生活クラブ以外にも、日本各地の女性たちは、障がい者やシングルマザー、パートナーから暴力を受けて避難してきた女性たちの支援など地道な活動を続けており、被災者支援も行っている。また中央・地方政府への要求を行うだけではなく、自ら選挙に立候補して政治の世界に飛び込んだ女性たちもいる（岩本美砂子「一九九九年統一地方選挙における女性の躍進―無党派を中心に」『政策科学』八巻三号、二〇〇一年、二一―三八頁、進藤久美子『ジェンダーで読む日本政治―歴史と政策』有斐閣、二〇〇四年、五十嵐暁郎・ミランダ・A. シュラーズ『女性が政治を変えるとき―議員・市長・知事の経験』岩波書店、二〇一二年）。

＊43　ただ、地域で活動する女性たちは、狭い意味での「政治」や「行政」に取り込まれてしまうことに対して警戒心

同参画条例をつくっていこうという動きが生まれてきているし[*44]、震災への対応、被災者支援、復興のプロセスには、地域の実情をよく知り、弱い立場にある人々とともに生きてきた住民の声を反映させることが何よりも欠かせない[*45]。

民主主義を本当に実現するためには、面倒で、エネルギーと時間を消耗するプロセスに参加することを皆が覚悟しなければならない。そしてまた、そのような面倒な民主主義に人々が参加できるだけの時間と余裕が確保されなければならないが、現代日本社会ではそのような余裕がどんどんなくなっているという状況がある[*46]。このことが、他者の声に耳を傾け、対話を行うという場の成立をますます困難にしている。

男性と女性に仕事か家庭かのどちらかを選ばせるのではなく、その両立を可能にすること、さらには仕事・家庭だけでなく市民として社会のあり方について考えたり議論できる時間と精神的・経済的余裕のある生活が保障されること、そして、健康で能力を発揮できる人だけでなく、様々な脆弱性を抱えた人や彼ら・彼女らと行動をともにする人が声を発し、声を聴かれ、社会のなかで役割を果たし続けられるようになること、そのためには労働と社会保障、公共サービスの総体をシステムとして変えていく必要がある[*47]。男女共同参画とは何よりも、そのような社会を実現するための政策なのである。

や忌避観をもっていることも多い。ルブランは、こうした女性たちがもつ「政治」への微妙な距離感について、鮮やかに描写している（ロビン・ルブラン（尾内隆之訳）『バイシクル・シティズン―「政治」を拒否する日本の主婦』勁草書房、二〇一二年）。

＊44　池田政子&やまなしの仲間たち編著『未来につなげる男女共同参画―ジェンダー視点の実践活動』生活思想社、二〇一三年。

＊45　萩原久美子・皆川満寿美・大沢真理編『復興を取り戻す―発信する東北の女たち』岩波書店、二〇一三年。

＊46　萩原久美子『迷走する両立支援―いま、子どもをもって働くということ』太郎次郎社エディタス、二〇〇六年。

＊47　宮本太郎『生活保障―排除しない社会へ』岩波書店、二〇〇九年。

【より理解を深めるための文献】

大沢真理『男女共同参画社会をつくる』日本放送出版協会、二〇〇二年

男女共同参画審議会・男女共同参画会議の専門委員として政策づくりに携わった経験を踏まえ、男女共同参画社会の意義や課題についての考えと提言をまとめた書。本書を読んだあとに、同じ著者の他の本も読んでみてほしい。

大嶽秀夫『二〇世紀アメリカン・システムとジェンダー秩序―政治社会学的考察』岩波書店、二〇一一年

政治学者によるジェンダー研究の好著。二〇世紀アメリカにおいて成立したフォーディスト・システムの「男性性」を暴きつつ、それに対する女性たちの抵抗の思想・運動としての第二派フェニズムの軌跡を描いている。

山口智美・斉藤正美・荻上チキ『社会運動の戸惑い―フェミニズムの「失われた時代」と草の根保守運動』勁草書房、二〇一二年

本文でも触れた保守系反フェミニズム運動（いわゆる「バックラッシュ」）の牽引者たちへの聴き取り調査や参与観察を通じて、運動にかかわった人々の行動の背景や思いを明らかにしようと試みた貴重な業績。本書だけを読んでわかった気にならずに、この運動のターゲットとなった大沢真理（前掲）の一連の著作や、脚注でも触れた三井マリ子・浅倉むつ子『バックラッシュの生贄』と読み比べてほしい。

7 国境を越える市民と政治

■グローバル時代のなかで

はじめに

二〇世紀はナショナリズムの世紀といっても過言ではない。民族と国家をめぐって激しい対立が生起し、多くの血が流れた時代であった。また、多くの人々が理想社会の建設を夢見て熱狂と暴力を引き起こした世紀でもあった。

国際社会は国家の利益と威信をかけた争いの場となり、二度の世界大戦と多くの国家間の戦争が繰り広げられた。そして、国民国家の内部でも、国家権力の帰趨をめぐり、民族間の抗争や革命と反革命の血なまぐさい衝突が繰り返された。理想と大義を掲げて勝利した革命政権は、権力を掌握すると反対勢力への弾圧を強め、多くの人命が消えていった。

第二次世界大戦後、「冷戦」という、アメリカとソ連をそれぞれ盟主とする資本主義陣営と社会主義陣営が対立する時代が続いた。米ソ両陣営は、相互に核兵器で威嚇《いかく》しつつ冷たくにらみ合い、地域紛争を伴いつつも、力の均衡による平和が維持された時代でもあった。一九九〇年代に入ると、ソ連・東欧の社会主義体制は崩壊に向かい、冷戦は資本主義体制側の勝利に終わった。ソ連というライバルが消滅した世界では、強大な経済力と軍事力を有するアメリカの優位性が顕著になった。

世界を引き裂いてきた冷戦は終わったが、アメリカの一極支配と資本主義のグローバルな展開は、平和で繁栄した世界をもたらしたわけではなかった。アメリカの軍事的一極支配は、国連の同意を得ないイラク戦争にいきついた。アメリカの圧倒的軍事力によってイラク軍の抵抗は短期間で鎮圧されたが、アメリカの目論見に反してイラクの治安は悪化し、占領は泥沼化していった。また、イスラム世界を中心にアメリカへの反感が高まり、テロの不安は一層強まっている。[*1]

そして、グローバル資本主義も、世界の民衆に豊かで安定した生活をもたらしてはいない。豊かな国と貧しい国の経済格差は広がり、世界はますます不平等な状態に向かっている。最も富裕な国における中位所得は、一九八〇年代において最も貧しい一〇カ国の中位所得の七七倍であったが、九九年には一四九倍になっている。世界中で最も富裕な一〇%の人々の所得は、八〇年には最も貧しい一〇%の人々の七〇倍であったが、九九年には一二二倍に拡大している。[*2] また、グローバル資本主義は、資源を浪費し環境を破壊することで環境と生態系の危機をもた

＊1　中東の政治は理解するにはあまりに複雑で、パレスチナ問題の解決はあまりに絶望的である。それでも中東は国際政治にとって重要な地域であり、現代を生きる私たちにとって中東についての基本的な知識と情報は必要である。です・ます調の文章で、やさしく説明する努力が嬉しい、臼杵陽の「中東危機の真相がよくわかる名講義」という触れ込みの『世界史の中のパレスチナ』（講談社現代新書、二〇一三年）をまずは手にとってほしい。

＊2　ウイリアム・フィッシャー、トーマス・ポニア編（加藤哲郎監修）『もうひとつの世界は可能だ—世界社会フォーラムとグローバル化への民衆のオルタナティヴ』日本経済評論社、二〇〇三年、一一三—一一四頁。

らしている。地球温暖化は異常気象や農業異変を各地で引き起こし、生産と消費の拡大は森林や漁業資源、生物多様性などに深刻な打撃を与えている。途上国も巻き込んで拡大していくグローバル資本主義のなかで私たちは新たな危機的状況に直面し、多くの解決すべき課題を背負い込んでいる。

一　グローバル時代のなかで

◉多様なグローバル化の意味

一九八〇年代以降、私たちは加速化するグローバル化の現実を生きている。それが私たちの日常生活に多くの利益や便益をもたらしていることは確かである。たとえば、航空機の大型化は移動の費用を大幅に低下させ、世界の隅々まで観光や留学などの目的で移動することを容易にしている。また、インターネットや衛星放送の普及は、世界中の情報を自宅にいながらにして瞬時に得ることを可能にした。そして、家庭の食卓には、世界中の食料・嗜好品が並ぶようになった。価格破壊や広がるビジネスチャンス、途上国の経済発展と貧困の緩和など、私たちの日常生活を含めて世界はグローバル化によって多くの恩恵に浴しているといわれる。しかし、グローバル化は、肯定的側面だけではなく否定的側面も伴っている。金融危機や産業の空洞化、貧富の格差の広がり、資源と環境問題の深刻化と、グローバル化に伴う多くの弊害が指摘されている。[*3]

グローバル化といえば、まずは自由貿易の発展や多国籍企業の活動などを連想するが、私たちが直面しているグローバル化とは、どのような現象だろうか。

グローバル化については、次のようないくつかの解釈に分類できる。[*4] 第一は、グローバル化=国際化で、ヒトやモノ、カネが国境を越えて移動し、国家間の相互依存が深化するプロセスであるという解釈。第二は、グローバル化=自由化という定義で、第一の定義を経済の視点を中心にみたもので、グローバル規模での経済の自由主義化に着目したものである。規制緩和や民営化、自由貿易といった市場原理主義が地球大に拡大し、貫徹されるプロセスとしてグローバル化は解釈できる。第三は、グローバル化=普遍化とする解釈である。それは、社会的・文化的側面に注目した定義で、同じような商品や文化が普及することで世界が標準化もしくは平準化している状態を意味している。第四は、グローバル化=西欧化もしくはアメリカ化とする定義である。西欧、とくにアメリカの資本や商品、文化が世界に拡大している状況に注目している。第五は、グローバル化=脱領土化という定義である。現代社会において、ヒト、モノ、カネ、情報などの自由な流通によって領土的な場所や距離、境界が徐々に意味を失いつつあることに注目する解釈である。

以上のようにグローバル化に関して複数の定義が存在することは、それが多様

＊3　遠州尋美『グローバル化時代をどう生きるか—自立コミュニティが未来をひらく』(法律文化社、二〇〇三年)参照。
＊4　清水耕介『テキスト国際政治経済学—多様な視点から「世界」を読む』ミネルヴァ書房、二〇〇三年、一六〇－一六七頁。

な側面をもった複合的現象であることを示している。その本質的な側面は、アメリカを中心とした西欧先進諸国のイニシアティブのもと、多国籍企業とＷＴＯ（世界貿易機関）や世界銀行などの国際機関を主要なアクターとして地球の隅々まで市場経済が拡大し、同時に西欧的な文化や価値観、ライフスタイルが世界の隅々まで浸透するという現象である。そのような現象が多くの問題を引き起こし、それに対する批判が先進国や途上国から投げかけられている。人類全体を巻き込んで進行しているグローバル化への対処は世界の市民にとって焦眉の問題となっている。

◉新自由主義的グローバリズム

経済のグローバル化が、人類全体の繁栄と幸福につながるという「新自由主義的グローバリズム」の考え方がある。この見解は、アメリカ型市場経済を普遍的モデルとして、市場重視、規制緩和、「小さな政府」、行財政改革、競争原理、効率性、自己責任を強調する新自由主義の思想によって支えられている。その立場からは、グローバル化を既成事実として受け入れ、国際競争力の強化、グローバル・スタンダード（国際標準）の導入、金融・貿易・資本の自由化、教育や福祉を含めたすべての経済社会領域への市場原理の貫徹などが求められている。*5

しかしながら、上記のような新自由主義的グローバリズムの福音に従った結果、

＊5　山脇直司「グローバル化に対する視座とグローカル公共哲学」山脇直司・丸山真人・柴田寿子編『グローバル化の行方』新世社、二〇〇四年、三頁。

繁栄と幸福とは違った現実がもたらされている。[*6] 八〇年代から新自由主義の政策を推し進めてきたイギリス、アメリカ、ニュージーランド、メキシコなどの国々では、社会的格差の拡大、貧困層の増大、失業・不安定雇用の増加、治安の悪化、家族の崩壊と地域社会の荒廃など、多くの弊害が表面化している。また、経済のグローバル化は、一九九七年のアジア通貨危機、九八年のロシア、ブラジルでの金融危機にみられるように、経済と金融の深刻な危機を引き起こしている。

一九九七年のアジア通貨危機を例にとってみよう。ＡＳＥＡＮ諸国は新自由主義的グローバリズムの処方箋どおりに外資導入をテコに経済発展を進めてきたが、グローバル化に伴う国境を越えた大規模な金融投機がタイの景気を過熱させていった。やがてバブル経済への不安から大量の投機的資金が引き上げられ、その結果、タイ通貨の暴落が起こりアジア通貨危機の引き金が引かれた。タイ経済の危機は、マレーシア、インドネシア、韓国に飛び火して株価の暴落や大量の企業倒産を招き、アジア経済に深刻な打撃を与えた。

自由主義的グローバリズムは通貨・金融危機を引き起こしつつ、世界経済を支配下に治めようとしている。一九八〇年代に、中南米を中心とした途上国は債務の返済が不可能な状況に陥った。八九年、ワシントンの国際経済研究所で、ＩＭＦ（国際通貨基金）、世界銀行、米国財務省によって債務危機にある途上国に対する新自由主義的な経済政策（「構造調整政策」）がまとめられた（「ワシントン・

＊6　服部茂幸『新自由主義の帰結―なぜ世界経済は停滞するのか』（岩波書店、二〇一三年）を参照。

コンセンサス」)。

そして、「ワシントン・コンセンサス」に基づいて、税制改革、公共事業などの支出抑制による均衡財政、インフレの管理統制、公営企業の民営化、関税引き下げと貿易の自由化、外資への規制除去などからなる政策パッケージが債務国に押しつけられることになった。[*7] 債務国は、多国籍企業や多国籍銀行への市場開放を強いられる一方、税制改革や公共サービスの縮小を強要され、結果として、教育や福祉の予算が圧迫されることで債務国の民衆生活は窮迫することになった。

今や、市場経済は世界の隅々にまで及び、資源やエネルギーは先進国や多国籍企業によってコントロールされ、世界経済は不均等な発展を遂げている。アメリカの多国籍企業は世界中に進出し、二〇〇〇年度には世界生産の二五％を占め世界貿易の七〇％を支配するまでになり、売上高でも世界のＧＤＰ（国内総生産）の約五〇％を占めている。

このように、新自由主義的グローバリズムは市場経済と競争を普遍化させ、世界の国々がそれを受容することを強いている。先進国や途上国の「勝ち組」を除いて、多くの国民は新自由主義的グローバリズムのもとで生活と労働の破壊に苦しんでいる。そして、アメリカ主導の自由貿易と市場経済の支配のもとで、地球の資源の浪費と環境破壊も同時に進行している。二〇〇八年九月一五日には、低所得者向け住宅融資「サブプライム・ローン」の証券化商品の価格急落に伴う損

＊7　水岡不二雄『グローバリズム』八朔社、二〇〇六年、八四―八五頁。

失によって、アメリカ大手投資銀行であるリーマン・ブラザーズ社が倒産した。「リーマン・ショック」は世界を駆けめぐり、世界同時株安・不況の波が世界中に広がっていった。金融の暴走によって、新自由主義的グローバリズムは地獄の扉を開いてしまったのである。[*8]

◉新たなアメリカの世紀のなかで

アメリカ政府を中心に、IMFやWTO、世界銀行は国際経済の運営方針を決定し、「ワシントン・コンセンサス」と呼ばれる新自由主義に沿った経済政策の世界的な貫徹を図ってきた。また、経済的支配だけではなく、ソ連という超大国なきあと、アメリカは唯一の軍事大国として世界に君臨するようになった。

その結果、アメリカ主導のグローバル化による貧富の格差拡大とアメリカ製品・文化の世界的流通への嫌悪と反発、アメリカが過去に行ってきた世界的規模での軍事行動に対する怨嗟の蓄積は、二〇〇一年九月に国際貿易センタービルへの攻撃を引き起こし、世界中でテロの連鎖を生み出している。九・一一事件を受けて打ち出されたアメリカの「新しい戦争」と予防戦争・先制攻撃の戦略や、「民主主義」と「自由」といったアメリカ的価値の押しつけはアフガニスタンやイラクへの武力攻撃として現実化し、そのような一方的な軍事行動は主権の尊重や多国間主義に基づく国際法や国際関係の秩序を揺るがした。[*9] ブッシュからオバマへと

＊8　浜矩子『グローバル恐慌—金融暴走時代の果てに』（岩波書店、二〇〇九年）を参照。

＊9　木村明『危機の時代の平和学』（法律文化社、二〇〇六年）第七章を参照。

大統領が交代して、アメリカはイラクからの撤退を進めているが、アフガニスタンでもイラクでも武装勢力による襲撃や自爆テロが頻発しており、アメリカの軍事介入は中東に混乱をもたらしている。

自国の国益を優先するアメリカの軍事行動に対して、日本はアメリカのよき理解者として、一方的な追従の姿勢をとり続けている。対イラク戦争に際して、ドイツ、フランス、ロシア、中国がアメリカの「大義なき戦争」に反対の姿勢を貫いたのに対して、日本政府は、開戦直後から大量破壊兵器の存在が否定された後まで、一貫してアメリカの軍事行動を容認して積極的な協力を与え続けている。

日本は、一九九七年九月に策定された「日米防衛協力のための指針」（新ガイドライン）に基づいて、周辺地域の限定を超えた「後方支援」に乗り出し、「人道支援」の名目でイラクへの自衛隊派遣にも踏み切っている。このような対米協力を拡大するために、アメリカは、改憲によって集団的自衛権の行使によるグローバルな規模での軍事協力を日本政府に要求している。[*10]

二〇〇八年に民主党中心の政権へと交代するが、日米の非対称的な関係は是正されることはなかった。そのことは、鳩山政権下に展開された普天間基地の移設問題が象徴的に示している。民主党政権は主権国家としてアメリカと対等に交渉する努力も払わないまま、自民党政権と同じ名護市キャンプシュワブ沿岸部への移設案にいきついている。現行の非対称的な対米関係のもとで集団的自衛権の行

＊10　たとえば、二〇〇四年七月二四日、アーミテージ米国国務副長官（以下、日米の登場人物の肩書は当時のもの）は、ワシントンでの中川秀直自民党国対委員長らとの会談で「憲法九条が日米同盟関係の妨げの一つになっているという認識がある」と述べ、集団的自衛権の行使を不可能にしている現行憲法を変えることを求めている。それに対して、日本側からも呼応する発言が飛び出している。二〇〇四年七月六日、ワシントンを訪問中の山崎拓前自民党副総裁は「日米安保関係を発展させるため、自衛隊は米軍と可能な限り共同対処すべきだ」として、集団的自衛権の保持を憲法上明確にすべきと述べている。

使を可能にすれば、イギリスのようにアメリカのグローバルな軍事力の展開に加担することになる危険性は高い。

◉新しいナショナリズムの逆襲──「閉じた社会」への誘惑

グローバル化の拡大と深化は、不安が支配する時代をもたらしている。戦後の経済社会と政治の安定した時代は、不安の充満する時代に取って代わられつつある。安定した経済成長の時代は幕を降ろし、果てしなき格差と貧困の拡大によって「豊かさのなかの貧困」が表面化している。雇用と生活は不安定化し、失業と非正規雇用が常態化しつつある。また、人々の安定した生活を支えてきた地域社会や家族も大きく変貌して、その役割を果たせなくなりつつある。多様で豊富な商品に囲まれた大衆消費社会のなかで、人々は絶えざる流動化と原子化の進行、競争の激化、ストレスの充満といった環境に投げ込まれ、不安と無力感に苛まれている。[*11] ヨーロッパでは、そのような個人が囚われている不安を養分として移民に対する排除の感情が高まり、新たなナショナリズムの台頭がみられるが、そのような「不安型ナショナリズム」は現在の日本でも表面化している。[*12]

これまで、人々は国民国家の内部で国境の壁に守られて生活してきた。だが、経済をコントロールすることで経済的繁栄と安定した社会生活を保障し、国民の文化とアイデンティティを保護してきた国家の力が急速に衰退し、グローバル化

＊11　朝日新聞経済部『不安大国日本─格差社会の現場から』（朝日新聞社、二〇〇六年）を参照。

＊12　高原基彰『不安型ナショナリズムの時代─日韓中のネット世代が憎しみあう本当の理由』（洋泉社、二〇〇六年）を参照。

の進展を前にその役割を果たせなくなりつつある。そのような状況は、グローバル化とその主導役であるアメリカに対する反感を生み出すと同時に、国家という保護装置の回復を求める動きを助長し、ナショナリズムへの求心力を生み出している。[*13]

安心への脅威を取り除き、安定を回復する願望が国民のなかから高まり、生活や労働のなかで失われつつある安全の保障を国家に求める欲求が強まっている。近年、ヨーロッパでの新しい右翼政党の台頭[*14]やアメリカでの宗教右翼の勢力拡大、日本での北朝鮮や中国の脅威をめぐる言説の活発化といった現象の背後には、近代社会の到達点である「豊かな社会」のなかでの不満と不安の感情が介在している。人々は、激しく変化する時代のなかで、不安の原因を特定して攻撃すると同時に、伝統や文化、家族や国家といった安心と安全につながる価値や制度に依存することで、不安を払拭しようとしている感がある。

◉「内なる国際化」とナショナリズムの高まり

その点では、日本も例外ではない。これまでの日本は決して「開かれた社会」ではなかった。[*15] グローバル化の恩恵を享受しながらも、日本社会の「内なる国際化」は遅々として進んでいない。日本では在日韓国人・朝鮮人、中国人などのいわゆる「オールドカマー」への差別撤廃運動が一九七〇年代から始まり、八〇年

＊13　伊豫谷登士翁『グローバリゼーションとは何か―液状化する世界を読み解く』平凡社、二〇〇二年、五六－五七頁。

＊14　ヨーロッパの新しい右翼は、一九八〇年代からフランス、イタリア、オーストリア、スイス、オランダなどの諸国で勢力を強めて、国政議会への進出も果たしている。最近ではデンマークやオランダ、フランス、フィンランドなどでも新しい右翼が選挙で好調を維持している。二〇一〇年九月のスウェーデン総選挙でも自由党が20議席を獲得して初めて国政に進出するなど、ヨーロッパの新しい右翼は現在でも健在である。フランスの新しい右翼については、畑山敏夫『現代フランスの新しい右翼―ルペンの見果てぬ夢』(法律文化社、二〇〇七年)を参照。

＊15　最上敏樹『いま平和とは』岩波書店、二〇〇六年、

代には指紋押捺撤廃運動へと発展した。今日では、定住外国人への地方参政権の付与が課題となっている。だが、民主党がマニフェストに掲げていたにもかかわらず、政権交代後は定住外国人への地方参政権の付与は進展をみせなかった。その他にも、移住労働等権利保護条約の未批准、外国人労働者の単純労働からの排除、難民受け入れ数の少なさや国籍取得の困難など制度的な面での国際化は大きく立ち遅れている。日本に在住する外国人、とくに、経済成長以降の豊かな日本に職を求めて流入してきた「ニューカマー」は差別的な言動に囲まれながら、教育や医療、住宅、就学などの多様な困難を抱えて日本で生活することを余儀なくされている。*16

日本で「内なる国際化」が立ち遅れていることは、人種差別撤廃条約を例にすれば明らかである。先進社会では人種差別の問題は最も敏感な問題であるが、過去に「単一民族」という言葉が政治家の口から聞かれた国だけあって、日本でのその問題への鈍感さは際立っている。人種差別撤廃条約（一九六五年）を日本が批准したのは条約の成立から三〇年後であり、世界で一四六カ国目であった。批准が遅かったうえに人種差別的行為を禁止も処罰もしない（＝刑法上の「犯罪」と定めない）という留保つきであり、人種差別と闘う本気度が疑われる姿勢であった。*17

他方で、グローバル化が進行するなかで異質な存在の排除と「固有の」文化や

一九二―一九四頁。

＊16　同じ外国籍住民ではあるが、歴史的経緯の違いがあることから、一九八〇年代以降に「豊かな」日本での就労を目的に来日した住民を「ニュー」、過去の植民地支配にかかわって定住している住民を「オールド」として区別している。

＊17　二〇一〇年には国連人種差別撤廃委員会から、二〇〇一年の勧告に続いて反人種差別法の制定を再度促されると同時に、教育に関して、①アイヌや他の民族集団の子どもが自らの言語を用いた指導を受ける機会が十分にないこと、②外国人の子どもたちに対して義務教育の原則が完全には適用されていないこと、③学校の認可、上位学校への入学に関する障害、④外国人および韓国・朝鮮、中国系の学校が公的支援や補助金、税制上の優遇措置にかかわって差別的な取扱いを受けている

伝統の復活を指向する動きが出てきた。石原前東京都知事の「三国人」発言[*18]や「新しい歴史教科書をつくる会」に代表される自由主義史観研究会グループの教科書での日韓併合が「合法的」という記述にみられるように、旧植民地意識を温存させたアジアへの差別的体質が色濃く残っている。

最近では、「在日外国人の特権を許さない市民の会（在特会）」が朝鮮高校や大阪・東京のコリアン・タウンの周辺などで激しい示威行動を展開し、差別的で挑発的な言葉を浴びせかける排外主義的な運動も広がっている。在特会は、従来の反共的で伝統的な主張を繰り返す右翼ではなく、グローバル化のもとでの生活の不安定化を背景とした民衆の不満や不安を定住外国人への排外的扇動に向けようとしている点で、ヨーロッパの新しい右翼と共通の性質を示している[*19]。

民主党政権が企図した定住外国人への地方参政権の付与が、多くの地方議会からの反対決議や消極的な世論によって頓挫し、沖縄県・尖閣諸島付近での中国漁船による衝突事件での中国政府の強硬な姿勢に直面して船長を処分保留で釈放したことに対して、政治家や国民の中から「弱腰外交」という非難が巻き起こり、中国政府への毅然とした対応を求める声が高まり抗議デモが組織されるなど、エスノセントリック（自民族中心主義的）で排外主義的な世論や運動が表面化している。

戦争の惨禍の反省にたって不戦の誓いを胸に再出発した日本でも、国民のなか

こと、⑤高校教育無償化の法制度変更において朝鮮学校を排除するべきとする政治家の態度などの点で懸念が表明されている。高賛侑『ルポ在日外国人』集英社、二〇一〇年、一七六－一七九頁。

＊18　二〇〇〇年四月九日、陸上自衛隊第一師団記念式典で、石原都知事の「三国人発言」は飛び出した。「今日の東京を見ますと、不法入国した多くの三国人、外国人が非常に凶悪な犯罪を繰り返している。もはや東京の犯罪のかたちは過去と違ってきた。こういう状況で、すごく大きな災害が起きた時には大きな騒擾事件すら想定される、そういう現状であります。こういうことに対処するためには我々警察の力をもっても限りがある。だからこそ、そういう時に皆さんに出動願って、災害の救援だけではなしに、やはり治安の維持も一つ皆さんの大きな目的として遂行し

から新たなナショナリズムの胎動が感じられる。

二　二一世紀の平和をつくる

◉脱冷戦時代の平和

グローバル化の進展と、その反動であるナショナリズムの昂揚と「閉じた社会」への傾斜が顕在化するなかで、平和と安全保障をめぐる問題はむずかしい局面を迎えている。

第二次世界大戦後、人類は長らく冷戦の時代を経験してきた。米ソ両大国は核兵器を保有してにらみ合い、時として、インドシナ半島や朝鮮半島などで米ソの代理戦争的な地域紛争が勃発した。一九九〇年代に入ると、ソ連・東欧の社会主義体制が崩壊して、冷戦の時代は終焉を迎えた。冷戦が終わり、一時は「平和の報酬」が得られるという楽観的な雰囲気が国際社会に広がった。しかし、核戦争の危険性を伴った厳しい米ソ対立の時代は過去のものになったが、東ティモールや旧ユーゴなどの民族対立を原因とする地域紛争が多発する時代を迎えることになった。

また、二〇〇一年九月一一日のニューヨークで、世界貿易センタービルに航空機によるテロ攻撃が起こり、イスラム原理主義勢力によるテロが世界を震撼させ

ていただきたいということを期待しております」との発言は、アジア系外国人＝犯罪と騒擾の予備軍とする差別的な視点を鮮明に露呈している。
＊19　在特会については第4章を参照。

た。このようなテロ攻撃は地域紛争の質を根本的に変え、それまでの民族対立型の紛争から、イスラム教対キリスト教、西欧の普遍主義対イスラムの特殊主義という宗教や文化、価値をめぐる対立、「文明の衝突」へと大きく変貌している。

冷戦の終焉とグローバル化という新しい国際環境のもとで、国家による安全保障、軍事による安全保障では、国民の安全を保障できなくなりつつある。そのような状況のなかで、新たに「人間の安全保障」という発想が登場してきた。

世界の人々は、核の脅威や通常兵器の行使による戦争状態を意味する「行動暴力」、南北の経済的格差を原因とする「構造暴力」、そして、支配的文化が少数派の文化を虐げる「文化暴力」による安全の欠如に苦しんでいる。[*20] 外交・安全保障だけではなく、生活の場も含めて総合的安全を民衆に保障する必要がある。

民衆が行動暴力によって安全を脅かされているとき、それを排除するための軍事力行使である「人道的介入[*21]」や、構造暴力、文化暴力による安全への脅威を除去する「人間の安全保障」をめぐる議論が交わされている。武力による人道的介入から避難民保護、社会統合と経済状況の改善まで、主権国家による安全の確保が必ずしも期待できないなかで、国家だけでなく国連などの国際機関、ＮＧＯ、社会運動、自治体といった多様なアクターが、民衆を安全の欠如した状態から解放するために何ができるかが問われている。[*22]

＊20　武者小路公秀「グローバル化時代における平和学の展望」（法律文化社、二〇〇四年）、同「『人間の安全保障』と『人権』との相補性」（日本平和学会『人道支援と平和構築』早稲田大学出版会、二〇〇五年）を参照。

＊21　最上敏樹『人道的介入―正義の武力介入はあるか』岩波書店、二〇〇一年を参照。

＊22　来栖薫子「人間の安全保障―主権国家システムの変容とガバナンス」（赤根谷達夫・落合浩太郎編著『新しい安全保障論の視座』亜紀書房、二〇〇一年）を参照。

◉東アジアの冷戦と日本の平和

ヨーロッパではEU統合が進展し、国家対立と戦争の時代が過去のものになっている。目を日本周辺に転じてみると、日韓中の東北アジアを含んだ東アジア地域では協力関係の構築に多くの困難が横たわっている。その最大の障害は日韓中の関係にある。

東北アジアの緊張関係の背景には、戦後の日本がアメリカとの関係を重視する一方で、近隣諸国との関係改善、地域協力体制の構築に冷淡であったことが大きく災いしている。日本と同じくファシズム体制による侵略戦争を経験した（西）ドイツが、戦争被害者への戦後補償などを通じて周辺ヨーロッパ諸国との和解を熱心に進め、EU統合にイニシアティブを発揮してきたことに比べて、日本の姿勢は対照的であった。

近隣諸国との関係改善が進まない背景には、日本が明治維新以来の「脱亜入欧」の発想を本質的には転換していないことがある。二〇世紀は、日本にとって近代化と周辺アジア諸国への領土拡大の歴史であった。明治維新によって近代国家の建設に乗り出した日本は、近隣諸国との戦争（日清・日露戦争）に乗り出すと同時に、台湾や朝鮮半島へと領土を拡張していった。そして、その延長線上に「満蒙は日本の生命線」といった自民族中心主義的スローガンのもとに中国本土への侵略を開始した。それが太平洋戦争へと拡大していき、アメリカの参戦によって軍事的に圧倒されて敗戦へと追い込まれていったのである。[*23]

そして、戦後も日本の視線はアジアには向かわず、歴代の自民党政権はアメリカとの良好な関係を対外政策の基本としてきた。国際的な冷戦体制のもとで、日米安全保障条約を軸に日本の外交・安全保障政策は展開されてきた。そのような姿勢は、今日でも基本的には維持され、一九六五年の日韓条約や七二年の日中国交回復によって近隣諸国との戦争状態にピリオドは打たれたものの、アジアとの根本的な和解は実現していない。

とくに中韓との和解が困難な背景には、日本の歴史認識の問題が横たわっている。現在に至るまで、戦争責任の問題は曖昧なままに放置され、極東軍事裁判への評価も分かれ、A級戦犯を合祀した靖国神社に首相が参拝するなど、アジア諸国への侵略行為への真摯な反省を疑われる姿勢を示してきた。確かに、戦後の日本はアジアへの侵略行為と真剣に向き合おうとはしてこなかった。南京虐殺や従軍慰安婦、七三一部隊などの戦時中に日本がアジアで犯した戦争犯罪について、日本は本格的に調査し、その結果を受けて謝罪や補償をする真摯な努力を払ってこなかった。[*24]

小泉政権の五年間で日本外交は中韓との関係を決定的に悪化させ、北朝鮮との関係打開もきわめて困難な状況に陥っている。東北アジア共同体のような平和と協力の恒常的関係を構築するためには、韓国と中国との連携を強化することが不

＊23　近代国家日本の東アジアとの関係については、石川捷治・平井一臣編『終わらない二〇世紀』（法律文化社、二〇〇三年）を参照。

＊24　たとえば、慰安婦問題が日韓の間で政治問題になり始めた一九九二〜九三年、この問題の他国への拡大を防ぐ意図から、政府は韓国で実施した聞き取り調査を東南アジア（フィリピン、インドネシア、マレーシア）では回避していた。戦場だった国々に慰安婦問題が波及して深刻な実態が明らかになることを恐れたからである。また、九二年に日本政府の最初の調査結果にインドネシア政府が非難声明を発表した際に、ジャカルタの日本大使館幹部が抗議している（『朝日新聞』二〇一三年一〇月一三日）。

過去の加害行為について真摯に反省して、自らの手で真相を究明する姿勢こそがアジア諸国から信頼される方法で

可欠であるが、安倍政権のもとで日韓中の関係は悪化の一途を辿っている。領土問題や歴史認識の問題をめぐって、それぞれの国民のなかには情緒的で攻撃的なナショナリズム感情が噴出し、日本の対アジア外交は着地点も見つからぬまま漂い続けている。[*25]

◉再び改憲の時代か？

日本政治で本格的に改憲が争点となったのは、一九五〇年代のことであった。サンフランシスコ平和条約によって主権を回復すると、保守陣営は占領下に「押し付けられた」憲法を改正して「自主憲法」を制定することを訴えた。だが、天皇主権、基本的人権の制限、平和主義条項の削除といった改憲論は、新憲法を真っ向から否定するものだった。戦争の惨禍を潜りぬけてやっと獲得した平和で民主的な憲法への国民の支持は強く、両院で総議員の三分の二を確保することができず、最初の改憲運動は挫折してしまった。

経済成長の時代、自民党は改憲を党綱領から外すことはなかったが、かといって真剣に追求することもなかった。一九六〇年代に入ると、池田政権は経済成長による国民生活の向上を優先して、安保や改憲といった国民の抵抗を招くテーマは後景に追いやった。

二〇〇六年に強い改憲志向をもつ安倍晋三が首相に就任すると、改憲は再び政

あった。戦後の早い時期に、専門家を含めた大規模な調査団を派遣し、聞き取りなどの実証的調査を実施して真相究明に乗り出し、調査結果に基づいて謝罪や賠償を行うべきであった。結局、このような戦時中の加害行為に対する不誠実な態度は、近隣諸国との和解を困難なものにし、日本が東北アジア地域の協力関係の構築にイニシアティブを発揮することを不可能にしてきたのである。

＊25　領土問題を考えるとき、最も回避するべきは感情的で一方的な主張である。自民族中心主義的（エスノセントリックな）対応は問題解決を困難にして、最悪の場合は武力衝突に至る危険性がある。中国の尖閣諸島への挑発的行動に対して、時として「なめられている」、「弱腰」といった批判が投げかけられるが、国家間の紛争を私人間の喧嘩や諍いと同一視するような議

治日程に上ることになった。その背景には、冷戦の崩壊による安全保障環境の変化があった。一九九〇年代に入って冷戦が終焉すると、それを前提としていた日米安保体制の見直しが必要となった。

アメリカの軍事戦略はアジア・太平洋地域での秩序維持を重視していたが、日本にはアメリカの軍事的パートナーとしての役割が期待された。だが、そのような対米協力の拡大には自衛隊が国境を越えて活動することが求められたが、そのためには憲法九条の存在が障害となった。

二一世紀に入っても絶えずアメリカからの集団的自衛権の行使を迫られるなかで（本章一節参照）、改憲を標榜する安倍内閣が登場する。第一次安倍内閣では、二〇〇七年に「安全保障の法的基盤の再構築に関する懇談会（＝安保法制懇）」が首相の私的諮問機関として設置され、一三年二月に第二次安倍内閣のもとで再始動している。安倍首相退陣後の〇八年に安保法制懇は報告書をまとめ、集団的自衛権の行使と国連の集団的安全保障への参加が現行の憲法下でも可能であると答申している。

安倍首相が改憲に熱心であることは、第一次安倍政権のときから周知のことであった。第二次安倍政権でも改憲に前のめりであり、自民党も「憲法改憲草案」を発表して自衛隊を「国防軍」に名称変更するなどの提案を行っている。*26 しかし、明文改憲には連立パートナーである公明党の存在が障害となっており、世論の抵

論は論外である。「なめられないような」、「毅然とした」態度をとることが武力紛争につながってもいい、その結果、双方に死傷者が出てもいいと考えるのであろうか。だから、領土問題は冷静で理性的な対応が何より必要である。北方領土、尖閣諸島、竹島などの「領土問題」について歴史的経緯や双方の主張などを学ぶことが大切である。

＊26　小林節・伊藤真『自民党憲法改正草案にダメ出し食らわす！』（合同出版、二〇一三年）を参照。

＊27　集団的自衛権は、これまでは内閣法制局の見解で、憲法九条のもとでは「所持しているが行使できない」という解釈が維持されてきた。だが、安倍政権では内閣法制局長の人事に介入してまで解釈改憲を実現しようとしている。集団的自衛権を認めると、自国が軍事攻撃をされていなくても、同盟国が攻撃を受けた

抗も強い。明文改憲の困難さを切り抜けるために、安倍首相は九六条を改めることで改憲のハードルを下げることを画策したが、国民の支持は低調なものであった。そこで、安倍首相は解釈改憲によって集団的自衛権の行使を可能にする方向に重点を移した。[*27]

考えてみれば、明文改憲の焦点は九条であり、最大の目的は集団的自衛権の行使によって米軍を補完して戦闘行為に参加することである。だとすれば、安倍政権にとって急務であるのは明文改憲ではなく、解釈改憲による集団的自衛権の行使である。[*28]

安倍首相は「積極的平和主義」として集団的自衛権の行使を性格づけ、日本が軍事的に貢献する国家になることを説いている。戦後の日本は、憲法に世界平和に貢献する国家であることを掲げてきた。世界から貧困や飢餓、病気をなくすことに貢献し、途上国の生活や人権、環境の改善に取り組み、国際的な紛争の調停・解決に協力することで紛争の種を取り除くこと。そのような意味での「積極的平和主義」が、日本国憲法の掲げる平和主義と親和的である。それは「怠け者の平和主義」ではなく、国民にこれまでより重い金銭的・人的負担を求めるものである。現行憲法にそった「積極的平和主義」か安倍首相のめざす集団的自衛権の行使による「積極的平和主義」か。それを選択するのは国民である。

場合、自らへの攻撃とみなして共同で反撃することが可能となる。要するに、軍事同盟を締結しているのはアメリカとだけであり、米軍とともに「地球の裏側」まで自衛隊が派兵され、米軍と共同の軍事行動が可能となるのである。

＊28　集団的自衛権の歴史を紐解いてみると、いくつかの事実が確認できる。第一に、集団的自衛権はきわめて限定された国によって行使されていること。たった四カ国だけで、それも英米仏ソという世界の超軍事大国だけである。第二に、四カ国が武力攻撃を受けたわけではないのに、アメリカやソ連が一方的に攻撃を仕掛けていること。第三に、集団的自衛権は同盟国を助けるために行使するはずが、実際は同盟国が武力攻撃の対象になっていること。政府が説明するように、本当にアメリカという同盟国を助けるために集団的自衛権を行使するの

三　国境を越える市民の時代

◉市民社会からの反攻

現在の生産や労働、生活の根本的変革は、国際的競争を前提にすれば非現実的なこととしてその可能性は否定されている。また、先進社会の過剰な消費と途上国での貧困は、時として自己責任と自助努力の問題と切り捨てられている。環境問題の深刻化も、経済と消費の発展という優先目的の前に必要悪として放置されている。グローバル化の現実を自明視して、競争と生活・雇用破壊の現実を受け入れることが求められている。だが、そのようなグローバリズムの教義に屈服しないで、市民社会のなかから現在とは違ったもう一つの世界のあり方を求めて、市民は抵抗と変革の運動を展開している。

このような国境を越えた市民の連帯運動が活性化している背景には、環境破壊や貧困、軍事紛争といった問題がグローバル化していることもあるが、大型ジェット機やインターネットの普及によって、市民が国境を越えて連携する手段が発達したことも影響している。新自由主義的グローバリズムの時代は、同時に、市民が国境を越えてグローバルに連帯する可能性も生み出している。アメリカを中心とした先進国の国益追求と、それに連携した世界銀行やＩＭＦ、ＷＴＯなどの国

か。なぜ、超軍事大国アメリカを日本が助ける必要があるのか、なぜ、アメリカしか助けないのか、疑問は尽きない。結局、集団的自衛権の行使は自国の安全だけを考える「一国平和主義」を脱却してアメリカを守り、アメリカの戦争に加担する「二国平和主義」に向かうためではないのか。戦後の日本が掲げてきた戦争放棄と専守防衛の基本方針を転換する決断だけに、私たちは大いに考え、議論する必要があるだろう。手始めに、松竹伸幸『集団的自衛権の真相』（平凡社新書、二〇一三年）を手にとってみよう。

際機関、そして、多国籍企業のグローバルな活動は、世界中で市民のグローバルな対抗運動を活発化させているのである。

アメリカの国益を優先した貿易政策が抗議を突きつけられた例としては、ヨーロッパへのアメリカによるホルモン肥育牛輸出の問題が有名である。アメリカが肥育ホルモンで育てた牛肉をＥＵに輸出しようとしたことに対して、ＥＵは禁輸措置で応えた。それに対して、アメリカ政府はＥＵの農産物に高い関税をかけるという対抗措置を講じた。その品目の中に、フランスのラディカルな農民組合「農民同盟」のリーダーであるジョゼ・ボヴェが製造していたブルー・チーズ（ロックフォール）が含まれていた。

ボヴェは、アメリカの対抗措置に抗議して、地元のマクドナルドの支店を「解体」した。彼は逮捕されるが、ボヴェの行動に対して国の内外から支持と共感が広がり、広範な連帯行動が展開された。また、ボヴェは、遺伝子組み換え作物にも反対していた。彼は栽培中の遺伝子組み換え作物を引き抜くなどの直接行動に訴え、食を大国や多国籍企業の利益に従属させることに一貫して反対している。アメリカと多国籍企業の推進するグローバル化へのボヴェのラディカルな抗議行動は広範な支持をもたらし、彼は反グローバリズム運動の象徴的人物になった。[*29]

金融面でのグローバリズムに対抗する運動として有名なのは、フランスから生まれたアタック（ＡＴＴＡＣ）である。[*30] グローバル化による国際金融取引の活発

＊29　ジョゼ・ボヴェの思想と行動については、ジョゼ・ボヴェ、フランソワ・デュフール（新谷淳一訳）『地球は売り物じゃない―ジャンクフードと闘う農民たち』（紀伊国屋書店、二〇〇一年）、ポール・アリエス、クリスチアン・テラス（杉村昌昭訳）『ジョゼ・ボヴェ―あるフランス農民の反逆』（柘植書房新社、二〇〇二年）を参照。

＊30　アタックについては以下の文献を参照されたい。ＡＴＴＡＣ（杉村昌昭訳）『反グローバリゼーション民衆運動―アタックの挑戦』（柘植書房新社、二〇〇一年）、スーザン・ジョージ（杉村昌昭訳）『ＷＴＯの徹底批判』（作品社、二〇〇二年）。なお、日本にも、アタックの日本支部である「アタック・ジャパン」が活動しているが、「アムネスティ・インターナショナル」や「グリンピース」など国際的社会運動の日本組織が小規

化は、アジアやロシア、メキシコ、アルゼンチンなど多くの国で金融・通貨危機をもたらしている。そのような国境を越える金融取引の投機にブレーキをかけるため、取引に課税することをアタックは主張している。ノーベル経済学賞を受賞したトービン教授のアイデアである「トービン税」に着想を得て、国際金融取引に〇・一％の課税をすることで、投機的取引を抑制するとともに、その税金を途上国の支援に当てるという構想が彼らの提案である。

そのような個々の課題や行動の展開を背景に、グローバル化を全体として問い直す運動も活発になっている。一九九八年にシアトルで開催されたWTO第三回閣僚会議には、全世界から環境保護団体や労働組合、農民団体などを中心に五万人以上の市民が結集して、途上国の政府代表と連携するなかで、閣僚会議を頓挫に追い込んでいる。それ以降、世界銀行やIMFのイベントや先進国サミットなど、先進国が中心となってグローバルな経済と政治の課題について交渉や話し合いの機会を設けるたびに、世界中からグローバリズムに異議を申し立てる市民たちが集まる光景がみられるようになった。

◉環境と資源の制約時代のグローバル資本主義

環境と資源の問題が経済社会の発展にとって大きな制約となっていると同時に、国際的に貧富の格差が広がり、グローバルな競争のなかで多くの民衆が苛酷で不

模なものにとどまっていることが、国際的な問題への日本での関心の低さを示している。

安定な生活と労働を強いられている。それは地球レベルでの富の再分配を要請しているが、資源と環境の制約を前提にしたとき、新自由主義が前提としているような更なる生産と消費の拡大による問題解決は困難である。

いま、新自由主義を前提としない、時代制約を突破してグローバル資本主義の危機を解決しようとする処方箋が提示され、実践されつつある。その基本的な考え方は「エコロジー的近代化」を手段として活用し、現行の生産と消費のあり方を維持することにある。すなわち、それは科学技術と制度的対処による環境・資源制約の解決法であり、個人の物欲を否定することなく現行のライフスタイルや資本主義経済を維持することを前提にしている。地球温暖化問題を例にとれば、エコカーによってCO_2の排出量を抑えながら自動車中心の社会を維持することや、環境税や地球温暖化ガスの排出権取引といった制度によって地球環境に配慮するといった処方箋である。[*31]

このような方向性は、現在では先進国で産業界や国民のコンセンサスを獲得している。「エコロジー的近代化」は、政府や産業界、国民の多数派にとって資源と環境の制約を超える万能薬となっている感がある。環境問題と経済成長の両立は、経済界の立場に合致する発想だからである。

このような発想を政策的に具体化したのが、アメリカのオバマ大統領が打ち出した「グリーン・ニューディール」である。それは、新しい技術の開発や新しい

＊31　畑山敏夫『フランス緑の党とニュー・ポリティクス―近代社会を超えて緑の社会へ』吉田書店、二〇一二年、第1章を参照。

制度の導入による環境産業育成を軸とする経済発展を構想している。オバマ大統領は優先課題である経済再建の中核に「グリーン・エコノミー」を位置づけて、ソーラーパネルや風力タービン、省エネの自動車や建物、「スマート・グリッド（賢い送電線網）」のような新しいエネルギー技術を作り出すことで新たな経済成長と雇用創出を実現し、同時に地球環境を守ることを提唱している。

それは一定の成果をあげつつある。たとえば、かつて鉄鋼と石炭で繁栄したペンシルベニア州では自然エネルギーを政策的に推進しているが、スペインのガザメ社が風車製造工場を建設して新たに千人の雇用が生まれている。また、オレゴン州でもドイツのソーラーパネル製造会社であるソーラーワールド社が工場を建設して千人の雇用が予定されている。[*32]

先進国の政府と産業界が環境親和的な技術と制度を総動員して経済成長を確保し、これまでの経済システムや生活・消費スタイルを持続しようとする処方箋は、現在の豊かな消費生活と快適なライフスタイルを変える必要がないだけに多くの国民の目にも望ましい選択肢と映る。しかし、これは環境と資源制約を突破する本当に有効な解決策なのか疑問である。[*33]

結局、エコロジー的近代化は、地球を損なうことなく経済を発展させ、もっと多くの人々を貧困から救い出すと主張されている。そのようなテクノロジーの開発と普及が可能な国やコミュニティ、企業が有利な経済的地位をめざす「勝った

＊32　寺島実郎・飯田哲也・NHK取材班『グリーン・ニューディール―環境投資は世界経済を救えるか』日本放送出版協会、二〇〇九年、一六一―六一頁。

＊33　たとえば、原子力発電が化石燃料の枯渇に対処する手段として喧伝されているが、本当にそうだろうか。事故のリスクに加えて、原発の燃料であるウラン自体が想定される可採年数が七二年であり、

めの戦略」、「ビジネスチャンス」であり、[*34] 先進国とその企業にとっての生き残り戦略になっている。

大量生産・大量消費に基づく経済社会モデルが、地球温暖化をはじめとした地球環境と資源制約の問題をもたらしている以上、私たちは新しい経済社会モデルに向かう以外に解決策はないだろう。そのためには、個人の価値観やライフスタイルに根ざしながら、新しい経済社会モデルへと導いていく政治の力が必要である。

◉新自由主義的グローバリズムを超えて

アメリカ主導の新自由主義的グローバリズムは、先進社会の安定した経済社会を揺るがし、途上国では貧困と不安をもたらしている。そして何よりも、地球の環境と資源に大きな負荷を与え続けている。リーマン・ショックを震源として世界を駆けめぐった経済・金融危機は、国境を越えた金融取引の危険性を実感させた。アメリカ発のこのようなグローバル化の弊害を前にしたとき、これほど政治の重要性が痛感される時代はない。確かに、市民社会からの対抗グローバリズムによって、グローバル化に対抗する様々な構想が練り上げられ、実践に移されつつある。だが、残念ながら、それを国民国家や世界的な場で制度改革につなげるイニシアティブが政治の場で十分に発揮されているとはいえない。

原子力は再生可能なエネルギーではない。また、プルトニウムを原料として使用して、使ったプルトニウム以上のプルトニウムを生み出す高速増殖炉という「夢の原子炉」開発も、技術的困難や経済性を理由に撤退する国が相次いでいる。事故の可能性や莫大な廃棄費用（耐用年数が到来した原子炉や放射性廃棄物の）も考慮に入れれば、原子力発電の技術がエネルギー枯渇への有効な対策であるとはいえない。その他にも、核分裂ではなく核融合によるエネルギーの産出、回収した二酸化炭素の地中・海中への封じ込め、太陽光発電衛星による宇宙空間での発電などのアイデアも出されているが、費用対効果や実現可能性を考えたとき、その実現性は乏しい。

エネルギー資源の制約は、原発以外にもオイルサンドの開発やバイオ燃料の活用で切り抜けようとしているが、環先進社会では、これまで公正と連帯の原理に沿って富を再配分し、社会的格差を縮小してきた社会民主主義の政治も、グローバル化のもとで行き詰まっている。激しい国際競争のもと国益を守ることに制約されて、ヨーロッパの社会民主主義政党の政権も、規制緩和や企業の競争力に配慮するなど新自由主義的政策の採用を余儀なくされている。経済成長と自国経済の競争力強化を前提とする限り、新自由主義的思考の枠内から脱することは困難である。

そのことは、日本政治も例外ではない。戦後長らく日本を支配してきた保守政治は、経済成長を前提に、公共事業や農業補助金などを通して中央―地方の間での再配分機能を果たしてきた。そのような旧い保守政治は、莫大な借金を抱えて行き詰まり、市場と自由競争を重視する新しい保守にとって代わられつつある。小泉政権下では本格的に新自由主義的方向に舵が切られていき、規制緩和や市場の自由化、経済の金融化・サービス化が進められた。日本政治ではそのような方向とは違う選択肢が不在で、ヨーロッパのような市民社会からの対抗力も脆弱なまま、アメリカ・モデルの社会へと向かっている。＊35

そして、第二次安倍内閣のもとで、規制や金融の緩和といった新自由主義的手法と公共事業の大盤振舞いという旧い保守の常套手段を組み合わせた「アベノミクス」が景気回復と経済成長の切り札として喧伝されている。＊36 日本政治は新しい方向性を見出せないまま、旧い政治と新自由主義の轍から脱け出せずに漂流して

境や食糧供給面で新たな困難を引き起こしている。また、資源制約を克服するためにリサイクル産業が盛んになり、それが資源の節約をもたらし新しい雇用を創出するとしても、他方では、リサイクル産業の発展は現在の消費スタイルを継続させて過剰消費を維持・促進する可能性もある。倉阪英史『環境を守るほど経済は発展する』朝日新聞社、二〇〇二年、九九－一五九頁。

＊34　フリードマン（トーマス）『グリーン革命（上）』日本経済新聞出版社、二〇〇九年、二五五―二五九頁。

＊35　第1章参照。

＊36　「アベノミクス」は景気回復への魔法の杖のようにもてはやされて、一〇年間で二〇〇兆円の公共事業支出といった威勢のいい話が飛び交っている。だが冷静に考えてみれば、国と自治体の借金を合わせて千兆円を超える財政状態を前提に、民主党政権

いるかのようである。

　日本政治において、いくつかの重要な論点が再設定されなければならない、と広井良典は主張している。まずは、内政における価値選択の明確化である。伝統的な家族と共同体に価値をおく保守主義と、「独立した個人」に重きをおき、「市場」「自助」の力を重視する「自由主義」、「独立した個人プラス公助」に価値をおく「社会民主主義」の三つの選択肢[*37]が国民に提供され、日本社会のあり方についての本格的な議論が闘わされる必要がある。

　ただし、グローバル化のもとでは、社会民主主義のモデルを選択したとしても、経済成長とそれを可能にする経済競争力の強化を前提とする限り、新自由主義の罠からは抜け出すことはできない。経済成長を前提としない、広井の言葉を借りれば「定常型社会」を前提とした「持続可能な福祉社会」として、社会民主主義の応用モデルが構想されるべきである（第1章参照）。そのことは、新自由主義が、環境と資源の被制約性と国民の安心と安全に配慮しないモデルであるだけに、長期的には実現性の高い選択肢である。また、そのような社会のモデルは、国際的な分配や公正の問題として、「グローバル定常型社会」として、新自由主義的グローバル化へのオルタナティブを考える有益なヒントを与えてくれている。

は「事業仕分け」というケチケチ作戦を余儀なくされ、「子ども手当」のような目玉政策の完全実施を断念したのではなかったか。安倍内閣のような財政規律の無視という禁じ手が許されるのなら、誰も苦労しないのではと思うが、読者の皆さんはどう思われるだろうか。

＊37　星浩『安倍政権の日本』朝日新聞社、二〇〇六年、一四八－一五二頁。

おわりに

グローバル化のもとで、潤沢な物質的豊かさを享受しながら、先進社会では国境を閉ざす自閉への傾向が顕著になりつつある。その豊かな生活は、途上国の資源や労働力、市場による経済的利益や国内での外国人労働力に支えられているにもかかわらず、外国人の存在が国民の同質性を脅かし、犯罪や失業などの温床になっているという感情に突き動かされて、ナショナリズムと排外主義の言動が広がっている。テロに脅えて国境の壁を高くして予防的な先制攻撃に走るアメリカ、異質な外国人の流入に脅えて移民規制に走るヨーロッパ諸国。まるで、外敵の幻影に脅えて高い壁をめぐらしているアメリカのゲーティッド・タウンに国家を変えようとしているかのようである。人権や自由の価値を重視して、外国人の存在に寛容で、多様性と異文化を尊重する多文化社会、多民族社会を築いてきたはずの欧米社会は、対外的には国境の壁を高くし、対内的には国民の統合と異分子の監視を強化した「閉じた社会」へと向かっているのだろうか。

二一世紀の世界は、一方では、国境を越えた市民社会からの連帯と連携の胎動を生み出しているが、他方では、「閉じた社会」への誘惑を生み出している。そのような時代のなかで、私たち自身の選択も問われている。アジアの隣人との開かれた関係を築き、憲法の平和主義の精神と経済的豊かさを生かして世界の平和と安定に貢献する国家をめざすのか、それとも、新自由主義的グローバル化の「勝ち組」として、アメリカと共に戦うことで豊かな社会を維持し、国境の内側に閉じ込もることを選択するのかという岐路に立たされている。その答えは、自閉と防衛的ナショナリズムで身を守りながら生きるのか、開かれた社会をめざして、意識と実践の両面で国境を越える市民として生きるのかという選択の問題でもある。

尖閣列島をめぐる中国との対立にみられるように、中国や韓国、北朝鮮、ロシアとの領土や拉致などをめぐる対立に際して、「弱腰外交」を非難し、「毅然たる態度」を求める強硬な世論が目立つようになっている。そのエスカレートの過程がどのような国際的災禍をもたらすかを熟考することなく、威勢のいい議論が飛び交っている。そのような時だからこそ、意識のうえでも、実践においても国境を越える市民の力量が問われている時代なのである。

【より理解を深めるための文献】

高橋進・石田徹『ポピュリズム時代のデモクラシー』法律文化社、二〇一三年

失業や犯罪の増加に対応できない政治に対する不信や不満を背景に、ヨーロッパでは右翼ポピュリズム政党が台頭している。ポピュリズム現象を通して先進社会の抱えてい

る共通の苦境が理解できる。

松竹伸幸『憲法九条の軍事戦略』平凡社新書、二〇一三年

安倍首相は集団的自衛権を行使して自衛隊を国外に派遣し、米軍と連携して軍事行動を展開することをめざしている。それを安倍首相は「積極的平和主義」と呼んでいる。専守防衛に徹しながら、日本国憲法に沿った平和創出の活動に取り組む、私たちの「積極的平和主義」を考えてみよう。

孫崎享『尖閣問題』岩波書店、二〇一二年

尖閣諸島をめぐって居丈高で威勢のいい議論が聞かれる。「毅然とした」対応というが、それが軍事衝突に至ってもいいと考えているのだろうか。安全保障や領土の問題は、歴史や事実関係を踏まえた冷静な議論が重要だ。そのためには、まず、尖閣問題を知ること、考えることが大事だ。この本から始めてみよう。

8 スローライフと実践の政治学

はじめに——私たちの選択

「私たちは、いまや分れ道にいる。……長い間旅をしてきた道はすばらしい高速道路で、すごいスピードに酔うこともできるが、私たちはだまされているのだ。その行きつく先は禍であり破滅だ。もう一つの道は、あまり人もいかないが、この道を行くときにこそ、私たちの住んでいるこの地球の安全を守れる、最後の、唯一のチャンスがあるといえよう。とにかく、私たちはどちらの道をとるか、決めなければならない。」

レイチェル・カーソンが『沈黙の春』の最終章でこう呼びかけたのは、一九六二年のことである。[*1] それから三〇年、[*2] 今度はリオの地球環境サミット（環境と開発に関する国連会議）で、一二歳の少女が世界各国のリーダーを前にスピーチを試みた。このわずか六分間のスピーチが、いつしか「リオの伝説のスピーチ」と呼

＊1　このとき「もう一つの道」が直接示唆していたのは、「（鳥たちが鳴かない＝沈黙の春を招く）農薬・殺虫剤の大量使用に頼らない」道のことであった。

＊2　デニス・メドウズを代表とするＭＩＴ（マサチューセッツ工科大学）の若きシステム科学者らが、『成長の限界』で世界に警告を発してから「二〇年」でもある。

ばれるようになる。彼女（セヴァン・カリス＝スズキ）は、いつまでも（破滅へと通じる）「高速道路」を降りようとしない世界の大人たちに、「オゾン層にあいた穴のふさぎ方」を、また「絶滅した動物を生き返らせる方法」を問う。そして「直し方を知らないのであれば、壊しつづけるのをやめるように」訴えたのである。

また世界の大人たちは、いつも子どもに「争いをしない」ように、「他人を尊重する」ように、「分かちあう」ように、「欲ばらない」ように教え、諭す。なのになぜ世界は依然として、絶え間ない紛争と圧倒的な格差に満ちているのだろうか？　大人は常に子どもたちに「愛している」と語りかける。しかし彼女はスピーチの最後をこう結んだ。「もしその言葉が本当なら、どうか本当だということを行動で示してほしい」と。子どもたちに「持続可能な」社会を引き継ぐことによってである。*3

「直し方がわからないものをこれ以上壊すな！」それはつまり「直し方がわからないものを壊し続ける営みが『進歩』であるはずがない！」という訴えである。ここには、私たちの近代化以降の「進歩」（その結果としての豊かさ）概念の根本的な問い直しを迫る契機が確実にはらまれていた。彼女のスピーチが終わったとき、会場の人々は（ということは世界の指導的な政治家たちも）立ち上がって泣いていたという。その涙の意味を大人たちが今少し深く噛みしめ、熟慮と討議を重ねていれば、世界はもう少し早く、また大きく変わっていたのではなかったか。

＊3　カリス＝スズキ、S.『あなたが世界を変える日』学陽書房、二〇〇三年。このスピーチは、次の本にも収録されている。副題に興味がある読者にもお薦め。『心をゆさぶる平和へのメッセージ―なぜ、村上春樹はエルサレム賞を受賞したのか？』ゴマブックス、二〇〇九年。

私たちの日々の選択（実践）が、未来の日本、未来の世界を形づくる。私は一方で「大人の責任」を果たしたい。だからセヴァンが望んだように、「今よりも環境が大切にされ、また資源が公平に分配される、平和な世界（＝持続可能な社会）」の実現を求める。他方で、しっかりと私の（また私の愛する人々の）幸福も確保したい。さらに政治学者の一人として、選択のプロセスはできる限り民主的であるべきだと考えている。

これははたして贅沢な（両立困難な）望みであろうか。以下でじっくり考えてみよう。キーワードは「スロー」。なぜなら、地球の温暖化に歯止めをかけるためには、私たちの産業や暮らしを「スローダウン」させる必要があるから。同時にスローな暮らし（スローライフ）には、「愉しさ、美しさ、安らぎ、おいしさ」が満ちているから。*4

一　持続可能な世界に向けて

◉環境問題と持続可能性

「（世界がもし一〇〇人の村だったら）二〇人は栄養がじゅうぶんではなく、一人は死にそうなほどです。でも一五人は太り過ぎです。すべての富のうち六人が五九％をもっていて、みんなアメリカ合衆国の人です。七四人が三九％を、二〇

＊4　キャンドルナイト運動に参加したことのあるあなたは、すでにスローライフの思想・文化と出会っている。未体験のあなたには、ぜひ一度、辻信一さんの本を手にとってほしい。今では新書も含めて多数が出版されているが、原点にあたると思われる本を挙げておく。『スロー・イズ・ビューティフル』平凡社、二〇〇一年。「美しい」一冊。

人がたったの二%を分け合っています。すべてのエネルギーのうち二〇人が八〇%を使い、八〇人が二〇%を分け合っています……」[*5]

　有限の地球は、限られた規模の環境負荷しか受け入れることができない。この厳然たる事実から、次の二つの結論が導かれる。第一に、将来の世代にも発展のチャンスを残したい（子孫たちが私たちと同様に基本的なニーズを満たすことを可能にしたい）のであれば、「私たちが消費できる資源には限界がある」（＝世代「間」公平の原則）。第二に、もしも私たちが「世界の誰もが地球の有限な資源に平等にアクセスする権利がある（アメリカ人ないし日本人が自動車を運転する権利があるように、中国人ないしインド人にもそうする権利がある）」という原則（＝世代「内」公平の原則）を承認するならば、まずもって消費を減らすべきは私たち、つまり豊かな先進国に生きる人々である。冒頭で紹介したように、現実の世界は圧倒的に不公平な世界だからである。

　日本で暮らす私たちの日々の生活は、どれくらい地球環境に負荷を与えているのだろうか。「エコロジカル・フットプリント（地球＝生態系を踏みつけている足跡）」の指標を用いて確認してみよう。実は日本人一人あたりのフットプリントは、G7（先進七カ国＝米・仏・英・独・伊・カナダ・日本）のなかでは最低である。しかしそれでも世界平均の一・五五倍に相当する。だからもしも世界中の人々が日本人と同じ水準の生活をすることになれば、「地球が二・三個」必要になってし

＊5　この「世界がもしも100人の村だったら」は、世界のインターネットを通じて生まれ、繁殖し、更新を続けている現代版のインターネット・フォークロワ（民話）であり、持続可能な世界を構想するすべての現代人に議論の出発点を提供してくれる。書籍版も複数出版されているが、私の手元にある美しい本を紹介しておく。池田香代子再話（C・ダクラス・ラミス対訳）『世界がもし100人の村だったら』マガジンハウス社、二〇〇一年。

＊6　「エコロジカル・フットプリント」とは、人間が生きていくのに必要な食料を生み出す耕作地や漁場、また生活に伴って排出される二酸化炭素を吸収するのに必要な森林や海などを合計した（理念上の）面積を示す指標である。日本の「足跡」のうち、約二〇%が食料消費（最大の足跡は二酸化炭素の排出＝吸収）、

まう。[*6] 大きく輸入に依存し（世界中から資源＝木材、穀物、水産物をかき集め）、大量に（国土が自然に吸収できる量をはるかに上回る）CO_2を排出し続けている現代の日本は、地球に過剰な負荷を与えている。

地球温暖化問題に象徴されるように、残念ながら私たちの日々の生活（消費）は、（生態学的に）持続不可能なのである。同時に大きく見積って、世界の半分の人口が過剰に消費し、他の半分が飢えている（その一部は「死にそうである」）世界は著しく不公平である（＝社会的に持続不可能）。だとすれば、持続可能な世界への道筋はシンプルな原則で示すことができる。すなわち、「持続可能な消費レベル」に向けて、過剰消費国である先進国は消費を削減し、過小消費（＝貧困）国である発展途上国は消費を増大させる。ただし発展途上国側にも課題がある。貧困から脱却するために、一人あたりの消費増大は認められる。しかし人口が大幅に増大すれば、消費量の増大に拍車がかかる。したがって日本を含めて、（人口増大が止まった）先進国は「一人あたりの消費」の削減に努め、発展途上国は人口増加の抑制に努めることが求められるのである。[*7]

では、先進国の消費を削減するためにはどうしたらいいか。それも先に示唆したように、「（幸福実現の条件としての）豊かさの追求を続けながら」、「できるだけ現在の快適な生活を維持しながら」である。この点についても、道筋ははっきりしている。すなわち、「環境効率の向上」という道と、「知足（足るを知る）」とい

そしてなんとその四分の一が「廃棄される食料」の分である（「食品ロス」問題）。当然日本への提言は、（適切な土地管理を前提とした）「国内生産量」の増大と「食品廃棄の削減」となる。WWF（世界自然保護基金）ジャパン『日本のエコロジカル・フットプリント二〇一二』を参照（ダウンロード可能）。

＊7　すでに国際社会はリオの地球環境サミットで、この原則に同意している。「各国は浪費的な生活・消費様式を減らし、適切な人口政策を推進する」（リオ宣言の原則八）と。もちろん、主として前者が先進国、後者が発展途上国の課題である。

う道の二つである。

「環境効率の向上」というのは、要するに「より少ない資源（エネルギー）の投入で、より多くの生産物を生み出す」ことである。「豊かさを二倍に、資源消費を半分に！」というわけだ。[*8]「エコロジー的近代化論」が推奨する戦略、すなわち「技術革新を媒介にして、経済成長と環境保全を両立させる」道と言い換えてもいい。この「技術主義的」な選択は、特段「豊かさ」の問い直しを必要としない。ビジネスチャンス（エコビジネス）にも直結する。それゆえ現代ではほとんど異論がない道である。確かにこの道筋が（技術の世界的な波及を伴って）「環境への負荷の減少」につながる論理的な可能性は存在する。

しかし、もしも「効率向上」の成果を、経済成長（＝生産量の増大）の効果が相殺してしまえば、結果的に環境への負荷は減らない。皮肉にも、エネルギー効率の向上が直接エネルギー使用の増大に、また（エネルギーを使用する財とサービスの価格低下を通じて）間接的に需要増進に拍車をかける可能性もある。[*9]少なくとも現在までの経験は、（環境効率の向上が進む）先進国においても、環境への負荷が増え続けてきたことを物語っている。さらに仮に先進国内で環境への負荷が低減したとして、それが外部（輸入先である新興国・途上国）への負担の転嫁によるものだとすれば、無責任との非難は免れまい。

それゆえ後者（知足）の道は、効率向上の「その先」にある道、すなわち「経

＊8　これが有名な「ファクター4（環境効率を四倍に）」（エルンスト・フォン・ワイツゼッカー）の構想である。この構想が現実化（商品によっては四倍以上！）していることは、家電製品売り場ですぐに確認できる。ただし（売り場が賑わっているとすれば）同時にトータルな削減効果に対する疑念を抱くことになるかもしれない。

＊9　この「リバウンド効果」については、ジュリエット・B・ショア（森岡孝二監訳）『プレニテュード―新しい〈豊かさ〉の経済学』（岩波書店、二〇一一年）を参照。アメリカでは、「冷蔵庫の効率性は一〇％改善したが、台数は二〇％増え、航空機の一マイルあたりの燃料消費は四〇％以上減ったが、（利用距離の増大により）全体の燃料使用は一五〇％伸びた」という（同書八三頁）。

済成長そのものを問い直す（意識的に量的成長を断念するか、少なくとも減速させる）」道である。別の言い方をすれば、「すでに一定の富裕レベルに達した人々に対し、さらに富を増やしてもよりよい生活にはつながらないことを明確に諭す」ような道である。[*10] これは「豊かさ」の質的な見直しを伴っており、人によっては「幸福実現の妨げ」と感じられる。技術主義的な対応を越え、（個人の意識や価値観の転換を前提として）「もう一つの経済・社会モデル」をデザインしていこうという道であり、現段階では異論も多い道である。[*11]

「スローライフ」の思想と運動に共感する私は、「その先」に進むことに賛同している。それは「前者の道だけで持続可能な社会には到達しない」という客観的な認識ゆえであり、同時に、そもそも後者の道筋が「喜ばしい」という主観的な希望ゆえでもある。そこで、まずは「経済成長（＝消費の増大）」と「幸福実現」との関係について改めて考えておこう。

◉持続可能な社会は「不幸な社会」？

GNP（国民総生産）ないしGDP（国内総生産）が、人間の幸福度を計る指標として必ずしも適切でないことは、従来から指摘されてきた。交通事故、環境汚染、異常な猛暑、自殺、離婚、こうした出来事が人間の幸福につながると考える人はいない。しかしそこで金銭の支払いが生じると、GDPは増大するのだ。

*10　イェーガー、J.（手塚千史訳）『私たちの地球は耐えられるのか？—持続可能性への道』中公新書ラクレ、二〇〇八年、一六二頁。本書にはグローバルな環境問題に関する基礎的なデータから、具体的な政策提言までがコンパクトに収められている。

*11　「エコロジー的近代化」の道と、「もう一つの道」（エコロジズム＝新しい経済社会モデルを追求する「非近代」のプロジェクト）の対比については、以下を参照。畑山敏夫『フランス緑の党とニュー・ポリティクス—近代社会を超えて緑の社会へ』吉田書店、二〇一二年。

「GDPは、人間の幸福や満足の尺度とはほとんど関係がない」といわれる所以である。[*12]

「知足」の道に躊躇する人の多くには、（理想はともかく）「物質的に豊かな人ほど（消費が多いほど、所得が高いほど）幸福であるはずだ」という思い込みがあるのではないだろうか。確かに、「低収入が人間としての基本的な権利を脅かすような貧しい国」においては、収入の増加が直接幸福感の向上をもたらす。物質的な豊かさを介して、幸福を損なうマイナス要因（飢えや寒さ、重労働に起因する疲労等）が確実に減るからである（「消極的」幸福感の増大）。しかし富裕な先進国においては、統計上その種の比例関係は希薄になる。「収入は幸福感にはかなり小さな影響しかなく、特に平均以上の収入を持つ国民の幸福にはほとんど何の影響も持たない」のである。[*13]

それはそうであろう。際限なく消費（所得）の増大を求める姿勢が、欲求不満とストレスを助長する可能性は高い。病気（あるいは疲労）は確かに飢え（重労働）からも発生するが、同時に飽食（精神的なストレス）からも発生する。また全体としてGDPが拡大しても、格差が拡大すれば、（周囲の人との比較を通じて）低所得層の満足度は確実に下がる（＝「相対所得仮説」）。ではその場合、高所得層の幸福度は確実に上昇するか？　残念ながら答えは「否」である。なぜなら、人は（所得の増大という幸せを）すぐに「忘れる」からである（＝「順応仮説」[*14]）。

＊12　章末の「より理解を深めるための文献」欄（大橋照枝、七三頁））を参照。GNPならぬGNH（国民総幸福）をタイトルにした辻信一編著『GNHもう一つの〈豊かさ〉へ、10人の提案』（大月書店、二〇〇八年）も示唆に富む。

＊13　古宮昇『しあわせの心理学』ナカニシヤ出版、二〇〇二年、一四頁。

＊14　両仮説を含め、近年の様々な幸福研究の（経済学的な視点を中心とした）整理として、以下の文献を参照。橘木俊詔『「幸せ」の経済学』岩波書店、二〇一三年。

一方で個人の「積極的」な幸福感は、様々な（対人、対自然、対社会）「つながり」、「絆」次第だと実感している人も多いはずである。別の言い方をすれば、人間には本来「（物質の所有で充足される）所有欲求」とは別に、「（人や自然との触れ合いによって充足される）存在欲求」が備わっており、脱工業（物質主義）社会においては、後者の充足こそが幸福実現の鍵となるのである。

国際比較の観点からいえば、確かに豊かさと幸福感、生活満足度の間には相関関係がある。要するに、富める国の国民の方が、平均所得が低い国の国民よりも、幸せを感じる傾向にある。しかし一定の水準を越えてしまうと、その相関関係は弱くなる。そして残念なことに、おおむね同水準の「富める国」同士を比較すると、日本は相当程度「生活への満足度が低い」国になっている。[*15] また日本では、「国民一人あたりのGDP」の伸びと「生活満足度」、あるいはGDPに福祉・厚生・環境の観点を織り込んだ「GPI（Genuine Progress Indicator＝真の進歩指標）」とが大きく乖離しているというデータもある。[*16] 要するに高度成長以降の日本では、一人あたりのGDPが増大しても、幸福感や「生活の質」はいっこうに上がっていないのである。

もちろん日本においても、市場原理主義的な新自由主義の政治を一因とする雇用破壊、様々な社会的格差の増大と、「社会的な絆の希薄化」ないし「無縁社会化」に対する手当は急務であろう。[*17] 富裕国においても、「相対的に貧困で社会的に孤

＊15　ＯＥＣＤの調査（先進一三カ国を対象）によれば、日本人の生活満足度は、男女共に韓国に次いで低い（共に高いのは、オランダ、デンマーク）。自殺率も韓国に次いで高い（低いのはギリシャ、イタリア）。『平成二四年版厚生労働白書』一二〇頁、一二三–一二四頁。他に、山田昌弘「私たちは幸福だったのか」（『文藝春秋SPECIAL』季刊秋号、二〇一〇年、一六–二一頁）も参照。「二つの幸福」（消極的幸福と積極的幸福）についても同論文参照。

＊16　山田・前掲（＊15）二〇頁。大橋・前掲（＊12）八五頁。ＧＰＩは、無償で提供される家事労働やボランティア活動などをプラスの価値として加算し、逆に様々な環境への負荷や社会的な損失（犯罪、家庭崩壊等）をマイナスの価値として減算する。

＊17　東京都足立区で「家族と住んでいた自宅でミイラ化

立している」人々は、幸福を実感する基礎的な条件を欠いているからである。しかしそろそろ私たちは、もっぱら消費の量で豊かさを計るような未熟な段階を卒業すべきではないだろうか。（経済成長が幸福感に直結しないステージに達した）「先進国」の名に恥じない新しい「豊かさ」像の再構築が今求められている。[*18] 先に示唆したように、途上国の人々には「生活水準の向上」をもたらし、先進国の人々には「（環境への負荷を低減する方向で）ライフスタイルの変革」を促す。グローバルな環境問題と、やはりグローバルな南北問題を同時に解決するうえで、この組み合わせは必須である。そして案外この組み合わせは、「成長なき繁栄」を享受する未来の世界においては、途上国のみならず、全世界の人々の幸福感の向上につながる可能性があるのだ（この点は再論しよう）。[*19]

二　スローライフと熟議民主主義

◉熟議民主主義とは何か

私たちの暮らしを「スローダウン」することが必要なのは、環境問題だけが理由ではない。民主主義を形骸化させないためでもある。まずデモクラシー（＝民衆の支配）が、「少数者支配」に比べて手間がかかることは自明であろう。直接的であれ、間接的（「代表」を通じた民主主義）であれ、多数者の意志を確認するのに

した老人（その間家族は老人の年金、生活給付金他を不正に受給）」が発見され、日本社会に衝撃を与えたのは二〇一〇年のことである（この事件がその後深刻化する「所在不明高齢者」問題の端緒）。孤独死問題、児童虐待問題、（両者と結びついた）貧困問題を含め、「無縁社会」（血縁・地縁・社縁の崩壊）の実態については、橘木俊詔『無縁社会の正体―血縁・地縁・社縁はいかに崩壊したか』（ＰＨＰ研究所、二〇一一年）に詳しい。

＊18　たとえばショア・前掲（＊9）は、「新しい豊かさ」を実現するための四つの原理として、①新たな時間の配分（市場労働時間の削減）、②高い生産性に支えられた自給への転換、③「真の物質主義」（低コスト、低負荷で高満足の消費生活）、④地域社会と社会的なつながり（社会関係資本）の再活性化を挙げている。

時間がかかるからである。そしてもちろん決定（採決）の前には、慎重な議論が行われることが望ましい。テーマによっては、議論の前に十分な予習（調査、研究、熟考）も必要になるだろう。

現代の民主主義を実質化する（形骸化を回避する）ためにはどうしたらいいか？こうした問題意識に支えられて、近年政治学では「熟議民主主義（deliberative democracy）論」が盛んになっている。「熟議」とは「熟慮」＋「討議」の意味である。熟議民主主義論は、いかにして民主主義の形骸化を避けようとするのか？それは形式的でお手軽な「集計に基づいた民主主義」と、短絡的で硬直的な「利益に基づいた民主主義」を批判することによってである。

議会制民主主義の実態に関しては、日本に限らず議会審議の空洞化が指摘されて久しい。現実の議会制民主主義は、一般に「投票」中心の性格を有している。選挙は私たちの私的な選好（利益）を投票によって表明し、その集計結果が複数の政党間の議席配分へと変換され、与野党関係が確定する。議会の機能は、その「審議」機能よりも「表決」機能に重心がおかれ（審議の過程は法案の中身や成否に大きな影響を与えず）、議席配分が議場での投票を介して政策決定へと変換される。要するに、全体として多数決による「集計」の過程として理解することが可能である。もしも「集計」だけが民主主義の命だとすれば、民主主義の過程はいくらでも技術的にスピードアップが可能である（「ファスト民主主義」）。しかし、そも

＊19　ティム・ジャクソン（田沢恭子訳）『成長なき繁栄──地球生態系内での持続的繁栄のために』一灯舎、二〇一二年。同書における「繁栄」のビジョンは、「人間が栄え、社会の結束を強めることができ、もっと高次の幸福が実現でき、それでも環境への物質的影響を抑制することのできる状況」（五〇頁）をさしている。

そも「慎重な討議」を欠いた民主主義は、健全な民主主義といえるだろうか？　熟議民主主義は、まずもって討議の復権を主張する。もちろん討議の場所は議会に限られない。市民社会における討議の「広さ」と「深さ」は、様々なメディアを介して議会の討議のそれに反映されていくだろう。

「利益に基づいた民主主義」の観点に立てば、私たちが選挙で表明する（一票に託する）のは「私的な利益」ということになる。しかし冷静に考えてみよう。私たちはそもそも日常的に、個別の政策課題について明確な意見を有しているだろうか。そして私たちの意見の基礎にあるのは、常に私的な利益であろうか？　私たちの意見は、熟慮（＝自己内対話）を介して、また他者との真摯な討議を通じて、初めて確固たるものに成長するのではないのか。そして私たちの意見は、往々にして、「（違った境遇と、それゆえ違った意見を有する）他者の観点」を考慮に入れることで、変容（成熟）するのではないだろうか。もしも本当に民主主義が私的な（また短期的な）利益の相互調整の場にすぎないのだとすれば、現代のグローバルな環境問題の解決はほとんど不可能となってしまう。[*20]　熟議民主主義論は、熟議の過程で人々の「選好が（したがって意見が）変容する」ことに、とりわけ「私的な選好が公的な倫理的選好へと変容」することに希望を見出す。もちろん熟議民主主義の発展は、ただちに政策の「緑化」を保証するわけではない。しかし、少なくとも「他者の観点を考慮に入れない」民主主義よりは「考慮に入れる」民

＊20　なぜならその場合私たちは、決して「将来の世代」に配慮して、あるいは「水没の危機に怯える島国の人々」に配慮して、温暖化防止の政策に賛成することはないはずだからである。

主主義の方が、すなわち政策決定過程において「多様な環境的価値が表明され、考慮に入れられるような」民主主義の方が、その可能性は高いはずである。

当然、「熟慮」にも「討議」にも時間がかかる。もしも十分な熟議が望ましく、また「お任せ民主主義」を脱却し、一握りのエリートではなく普通の市民が熟議に参加できる方が望ましいとするならば、そこに出現するのは「ファスト民主主義」ではありえない。「スローライフ」を前提とした、熟議民主主義（スローな民主主義）であろう。

◉現代社会と熟議民主主義

現代は、かつて人々の生活を広く規制し、調整していた伝統や慣習、権威の効力が著しく低下した時代、別の言い方をすれば広く「自明性」が解体した時代である。[*21] その分だけ選択の余地は拡大している。たとえば、あなたが未婚だとして、ある日突然父親から、親が（あなたがまだ幼少の頃に）決めた相手と結婚することを一方的に通告され、しかも結婚式や披露宴のやり方は村の流儀ですべて決まっている。今こうした事態が起きる可能性は著しく低いはずである。[*22]（どの）大学に進むのか否か、結婚するのか否か、子どもを育てるか否か、どこで何を食べて暮らすのか、これらはすべてあなたの選択に委ねられている。

選択の余地が拡大したことは喜ばしい。しかし、こうした選択が納得のいくも

＊21　これがいわゆる「ポスト伝統社会」、あるいは（伝統を含むあらゆる所与的なものが改めて問い直されるような）「再帰的近代」「後期近代」（アンソニー・ギデンズ）の特性である。

＊22　逆に今では「五〇歳」の女性が、「事実上の婚姻関係にある」男性をパートナーとして、（第三者からの卵子提供による）「体外受精」という手段で妊娠・出産するという道を選択することができる。自民党の野田聖子元郵政相が自ら公表した事例である（二〇一〇年九月に報道）。

のとなるためには、当然じっくり考える時間が必要になる。相手のある選択の場合（たとえば、誰といつどうやって結婚するのか）には、対話、それも可能であれば慎重で十分なそれが望ましいだろう。だから現代社会においては、（家庭内や恋人同士の空間のような）「親密圏」に至るまでの（非制度的な）熟議が要請されるのであり、同時に「一人ひとりの個人に時間の『溜め』をもたせる社会的な余裕をいかに生み出せるか」が問われるのである。*23

さらに「自明性が解体した」現代社会は、「そもそもコミュニケーションを成立させることが困難な他者との共存」を余儀なくされる社会でもある。端的にいえば、その場合の他者とは異文化を体現する「外国人」であり、「モンスターペアレンツ（モンスター社員）」であり、そして（社会や他の人間との接点を喪失した）「脱社会的存在」である。*24 そして誰がモンスターであり、誰が「なぜ人を殺してはいけないか？」を理解しない（あるいは「携帯メールに没頭する一方で自室に引きこもる」）若者であるのかは、外見からは判断できない。あなたの隣人がそうであっても、何の不思議もない社会なのである。

相手の予期せぬ言動に驚く（呆れる）度に対話を放棄する、また自らキレてしまっていては、著しく殺伐とした、幾重にも断絶した社会ができあがってしまう。ここでも必要なのは、（クールダウンするための）「時間の溜め」であり、可能な限りの熟議であろう。「なぜ人を殺してはいけないのか？」を公然と問う若者（脱

＊23　宇野重規『〈私〉時代のデモクラシー』岩波新書、二〇一〇年、八四－八六頁。宇野氏はこうも述べている。「少なくとも、細切れになった非連続的な選択の連鎖のなかで、自己コントロールだけを求め続けられるという悪夢だけは、何としても避けなければならないはずです。」

＊24　北川達夫・平田オリザ『ニッポンには対話がない――学びとコミュニケーションの再生』三省堂、二〇〇八年。異質な他者をつなぐコミュニケーション回路を設計する「コミュニケーション・デザイン」という発想は示唆に富む。

社会的存在）も、「社会内」に存在する者と共通の言語によって何事かを認識し、思考している。だとすれば、同じ言語を用いた熟議民主主義を媒介として、「社会との接点」を自覚させる可能性は残されている。[*25] 私たちはその可能性に賭けるしかない。

◉トランス・サイエンスの時代の熟議民主主義

さらに私たちは、「トランス・サイエンスの時代」、すなわち相互に独立していたはずの「科学の領域」と「政治の領域」が、したがって「客観的事実―知識」と「価値―意思決定」とが次第に交錯していく時代を迎えている。[*26] かつて科学者は、社会や政治とは切り離され、政治との関係があるとすれば、研究によって生み出した客観的で中立的な知識を一方的に差し出すことであった。科学そのものには「善」も「悪」もなく、もしも悪用されるとすれば、それは全面的に政治の側の問題であった。しかしこの関係性は、（知識の結晶である）「核」の軍事利用（核兵器）と平和利用（原子力発電）を通じて、また公害問題、さらには地球環境問題の深刻化を契機に変容していった。今や二つの領域は融合を始め、それゆえもはや「科学技術は専門家だけに任せるには重要すぎる存在」と化したのである。

実験室内での決定が、現実に社会に大きな影響、それも時として壊滅的な被害を与える可能性が高いとすれば、もはや民主主義が実験室の扉の前で立ち止まる

＊25　熟議民主主義が必要とされる現代的な「理由」と「可能性」については以下の文献を参照。とりわけ（国家・議会のような制度的次元と区別される）「非制度的次元」における熟議民主主義の可能性を丁寧に検討している点において日本の政治学では出色。田村哲樹『熟議の理由―民主主義の政治理論』勁草書房、二〇〇八年。

＊26　この時代認識に関しては、小林傳司『トランス・サイエンスの時代―科学技術と社会をつなぐ』（NTT出版、二〇〇七年）を参照。

理由はない。トランス・サイエンスの時代においては、「科学技術のシビリアン・コントロール」のあり方が厳しく問われる。

もちろん科学（技術）にかかわるあらゆる争点、あらゆる意思決定に私たちが参加するというのは現実的ではない。多くの場合私たちは、専門家の判断を信頼する。それゆえ（専門家の助言に基づいていることを期待して）私たちの代表＝政治家に決定を委ねている。要するに自らの判断を「限定的に（＝専門家ないし政治家を信頼する限りにおいて）」停止している。しかしその信頼が失われたときには、意思決定への参加を求めることになる。この要請に応えることができなければ、民主主義の形骸化は免れまい。

では、なぜ専門家にすべてを委ねることができないのか。それは当然のことながら専門家もまた「間違う」からであり、時としてその過ちが深刻な結果を招くからである。*27 同時にこれも当然のことながら、政策決定に反映されるべきは、客観的な知識だけではない。様々な価値もまた含まれるのであり、そもそも価値の専門家は存在しないからである。限られた予算の中から、科学技術の振興にいくら拠出するのか（それがたとえば「子育て支援」への拠出額に波及するとして）、また「基礎科学」と「応用科学」の間で、さらには複数の科学技術の間でどう配分するか。この問いに客観的に（また公平に）回答できる専門家は存在しない。あるいは遺伝子工学をめぐる論争において人々が抱く不安は、潜在的な健康・安全上のリス

＊27　イギリスにおいて（単に専門家がわかりやすく、しかし一方的に教え諭す啓蒙型コミュニケーションではない）「双方向的な科学技術コミュニケーション」が注目される契機となったのが、BSE問題（いわゆる狂牛病問題）における、専門家―政府の判断の間違いであった（一九九六年に政府は当初の安全宣言＝人間への感染は可能性が低く、牛肉は安全＝の撤回に追い込まれた）。より悪質な事例として、水俣病問題において、中央の専門家（政府の御用学者）が果たした「負の」役割（地元の専門家が早期に正しく突きとめていた有機水銀中毒説を否定することで問題解決を遅延させた）を想起するのもいいだろう。

クに起因するだけではない。そもそも「人間が生命を操作する」ことへの倫理的（宗教的）な不安や拒否感であり、さらには漠然とした（たとえば「気味が悪い」といった）不快感であったりする。しかし現実に不安を訴える人が存在する以上、そしてその人もまた有権者であり納税者である以上、そうした声を無視することはできない。

ここでも結論は同じである。もしも現実に「科学技術の発展の速度が早過ぎて、影響を考慮する時間の余裕がなくなっている」のだとすれば、私たちは今の社会を「スローダウン」することを真剣に検討するべきであろう。その影響が人類にとって致命的な災厄をもたらすことが判明する前にである。そして日常的に「専門家と非専門家の対話」を促すような場を社会的に用意すると同時に、「科学技術のシビリアン・コントロール」を視野に入れた「熟議民主主義」の実践を重ねていくことが求められている。[*28]

＊28　専門的な課題に関して市民参加型の「熟議」を可能にする手法として、「コンセンサス会議」や「市民陪審」などが知られている。日本の事例を含めて小林・前掲（＊26）を参照。他に篠原一『市民の政治学―討議デモクラシーとは何か』（岩波新書、二〇〇四年）、篠原一編『討議デモクラシーの挑戦―ミニ・パブリックスが拓く新しい政治』（岩波書店、二〇一二年）も示唆に富む。

三　新しい政治へ

◉お正月とキャンドルナイト

唐突だが、ここで一問。あなたは「お節に飽きたらカレーもね」というCMを知っているだろうか？　そして知らない人は、その意味するところがわかるだろうか？

そう遠くない昔、日本のお正月の商店街は一斉にシャッターを下ろしていた。懐かしい故郷に家族、親族がそろい、目にも鮮やかな、郷土色豊かな作り置きのお節料理を真ん中に話が弾んだ。普段は仕事が忙しいお父さんも、お酒で少し顔を赤くしながら、子どもと近所の空き地で凧揚げをするなり、居間でカルタとり（双六、福笑い）を楽しみ、家族で同じテーブル（あるいは卓袱台《ちゃぶだい》）を囲んだ。しかしどんな豪華なお節調理も、さすがに三日目ぐらいには飽きてくる。しかし、まだほとんどのシャッターは閉まったまま。だから「お節に飽きたら（レトルト）カレー」だったのである。*29

今はどうであろうか。お店（豪華ホテル？）で買った和洋折衷のお節を急いで食べて（あるいはお節など食べずに）お年玉を握りしめた子ども、若者を先頭に家族総出で、あるいはバラバラに、初売りセールに押しかける人も多いのではないだろうか？　元旦から出勤のお父さんも増えているに違いない。共通なのは「お金にまつわる習慣（＝お年玉）だけ」というのは言い過ぎであろうか？

昔を懐かしんでいるわけではない。いや懐かしんではいるのだが、ここでいいたいのはそういうことではない。そこでもう一つ質問。あなたは「一〇〇万人のキャンドルナイト」というイベントを知っているだろうか？　今度は知っている人が多いはずである。一斉に電気の明かりを消して、キャンドルを囲んで家族に、

＊29　この風景は、いかにも保守派が好みそうな架空のモデルとして描いている。ただし私に関していえば、この風景はおおむね現実であった。私はいかなる信心とも無縁であるが、かつてのお正月の朝の空気には、いつもと違う匂い、改まった年の清新で静謐な息吹を感じとっていたように思う。

恋人に、隣人に、また自然環境に思いを馳せよう、共に語り合おうという素敵な運動である。この喜びに満ちた運動には、（電気を消している分だけ）エネルギーの節約（＝温暖化防止）という効果がついてくる。語り合いの中身によっては、「選好（と将来の実践）の変容」（第二節）が伴っているかもしれない。「スローライフ」を象徴する文化運動としてすっかり定着した感があるこの運動は、伝統的なコミュニティが希薄化した現代社会において、確実に新しい「志縁（志＝共通の趣味や思想、感性を通じたネットワーク）」の一つを生み出そうとしている。

しかしそうだとすれば、「お節に飽きたらカレー」のお正月は、まさに日本の美しいスローライフを体現（先取り）していたことにならないだろうか？　少なくとも温暖化防止の効果は、一夜のキャンドルナイトをはるかに上回る。

日本中、また世界中どこでも同じ味のファストフード（マックとコーラ）が味わえる。これが昨日までは進歩の成果であり、豊かさの象徴だった。しかしスローフーディストたちにとって、それは今や文化的貧困の象徴である。その季節、その地域、その料理でしか味わえないスローフードこそが現代の新しい「豊かさ」を象徴する。もちろん「旅をしない（また農薬を使用しない）」食材、ビール（＝地ビール）は、地球環境にも優しい。「イタリアの小さな町（＝スローシティ）」は、「世界の均質化（同じ顔で増殖を続ける画一的な大型ショッピングセンター、住宅街、駅前の風景……）」に敢然と闘いを挑んでいる。笑顔で、「わが町への誇り」を胸に。*30

*30　スローシティに関しては、「より理解を深めるための文献」欄（『スローシティ』二六八頁）を参照。私は島村さんの次の述懐に共感する。「効率性を追求する大量生産と大量消費のあり方が、町や農村の風景までも均質化させてきたのならば、そろそろ、この大人気ない均質化への迎合に抗い、日々の充足感を問うべきではないだろうか。」

また昨日までは、夜の暗さは貧困の象徴であり、すべての夜道を明るく照らすことこそが豊かさの象徴であった。同じ現象が、今は光害を引き起こし、地上の闇こそが天空の光を引き立たせることに改めて私たちは気づいた。現代は「美しい星空の（ホタルの）里」こそが希少であり、地域活性化の鍵なのだ。その里に集う経験が、そしてキャンドルの静かな明かりが、「愉しく美しい」（と同時に環境に配慮した）時間を約束してくれる。

同じことではないだろうか？　確かに、私たち日本人の多くは昨日まで、（便利さを求めて）「三六五日同じように時間を過ごす（同じように店が開いている）」状態を求めてきた。しかしこの現代のお正月は、明日にはやはり文化的貧困の象徴となるかもしれない。三六五日の内のわずか一日、あるいは三日である。お正月にはお正月だけの「特別な（静かな）時間の流れがあってほしい」。持続可能性への目覚めとともに、こうした希求が育ち、やがて「日本のスローな（どこか懐かしい）お正月」が姿を現すかもしれない。

「ローソクの夜」といえば、昔の夜でもある。しかし、これが現代の若者の多くを引きつける「新しい＝未来志向」の文化運動の名前である。未来への扉を開くためには、持続可能性という「知」と同時に、豊かさの内実を問う柔軟な「感性」が欠かせない。文明を否定する必要はない。古いものと新しいもの、ローテクとハイテク（たとえば「ローソクの控えめな明るさ―時には暗さ」と「ＬＥＤの明るさ」）、伝統の保存と最新の技術、この両者を豊かな知性と感性で柔軟に組み合わせ、（環境の制約の枠内で）新しい豊かさを創造していけばいいのだ。「持続可能で、かつ十分に快適な未来」へのヒントは、「森のなかの丸太小屋に置かれたコンピュータ」、あるいは「一四世紀の修道院跡のワインセラーの中に置かれた（ワイン情報を一瞬で検索するための）コンピュータ」に象徴されるのかもしれない。[*31] キーワードは「懐かしい未来」である。[*32]

◉「新しい政治」へ

もう少し「日本のお正月」にこだわろう。しばらく前から、私にはどうしても解けない謎がある。それは、なぜ日本では「正月三が日の営業に断固反対」という声が大きくならなかったか？という謎である。

日本の政党政治においては、長らく自民党の一党優位体制が続いてきた（一時の中断を経て、また連立政権へと姿を変えて現在も進行中である）。自民党の旗印は「保守」である。ここで先の日本の昔のお正月の記述を思い出してもらいたい。かつてのお正月は、日本の伝統的な行事であるだけでなく、保守主義者が大切にしているはずの「家族団らん」の絶好の機会を提供していたし、郷土色豊かなお節料理も日本の食文化を守り伝える役割を果たしてきたはずである。[*33] さらにお節料理は元来、田畑を守ってくれる歳神様《としがみさま》へのお供え物という性格をもっていた（旧正

＊31　「森とコンピュータ」のイメージは、日本における環境倫理学の先駆者である加藤尚武氏が早くから提示していたもの（加藤尚武『現代を読み解く倫理学—応用倫理学のすすめⅡ』丸善ライブラリー、一九九六年、一八二頁）。「修道院とコンピュータ」は、イタリアのスローシティ、ウンブリア州オルヴィエート（「スピード社会の象徴、車対策からスローダウンした断崖の町」）のイメージ（「より理解を深めるための文献」欄、『スローシティ』五八—五九頁参照）。

＊32　スローフード協会の設立者であるカルロ・ペトリーニもこう述べている。（持続可能な）「新しい農業」を緊急に考える必要がある。そのためには「過去に戻るということではなく、近年起こった失敗を自覚しながら、いわば過去から再出発する」ことが必要である（四五頁）と。文

月は二月の初め＝稲作の準備を始める頃である）。しかし寡聞にして、「日本の美しい伝統的なお正月を死守すべき」であるという保守政治家の声を聞いたことがない。

実は従来から「日本の保守派」に関しては、その「保守」の内実の空疎さが指摘されてきた。本来「保守主義」の保守たる所以は、人間の理性、また人為的な変化（進歩）に対する健全な（謙虚な）懐疑主義ゆえである。だから世界の保守主義者は、人間の理性への信頼に依拠して急激な変革を求める左翼の「進歩主義」を批判してきたのである。この健全な懐疑主義は、何も社会主義の思想・運動に向けられるだけではなく、当然「科学の進歩（たとえば、胚研究や再生医学の不用意な発展）」、「開発」＝「自然への人為的な介入」に対しても向けられる。[*34] だから欧米において「（伝統的な町並みの保全などを含む）環境保護」を支える一翼は、保守主義が担ってきたのである。日本のように、（自称）保守派がこぞって開発や道路建設に積極的であるというのは、「ある種の奇妙な『ねじれ』」ともいえるのである。[*35] つまり日本の保守派には、反共主義（共産主義への懐疑）は存在しても、開発（成長）への懐疑（要するに環境保護派）がほとんど見あたらないのである。

ドイツの「赤（社会民主党）―緑（緑の党）」連立政権（一九九八〜二〇〇五年）の例をみてもわかるように、現在では「赤（左翼）＝社会的公正」と「緑＝エコロジー」との連携が優勢である。「左翼は共和制の価値のすべてにとても強く執着している。自由、平等、連帯、人権、民主主義、それに一〇〇年前に宗教からの独立を

献については後掲（＊42）を参照。また広井氏は（成長・拡大の時代の「離陸」に対する）「コミュニティや自然への着陸」のイメージで同じ言葉（なつかしい未来）を使っている（「より理解を深めるための文献」欄参照）。さらに、たぶんに「技術主義的」な用法（緑の技術革新を介した未来へのスパイラルアップ＝低炭素社会の実現）も登場している（三菱総合研究所〔小宮山宏編集顧問〕『エコと経済の新しい関係―懐かしい未来へのイノベーション』丸善プラネット、二〇一一年）。

＊33　「新自由＝保守主義者」が金科玉条として掲げる「全面的な市場化」は、本来的に伝統的な家族の役割（教育、育児、料理と食卓を囲む食事……）を吸収し、空洞化する力を秘めている。つまり保守主義者が強調する「古き良き家族」を解体する要素を必然的に孕むのである。これは

追加し、二〇年前にエコロジーを追加した」というわけである。[36] 気候変動に関する「スターン・レビュー」[37] は、グローバルな温暖化が「市場の失敗」であることを認めた。（社会主義の）ソ連崩壊以降意気消沈していた左翼が、にわかに色めき立つのも無理はない。

確かに、持続可能な社会を実現するためには、左翼の「変革」を求める魂と「公正」への感受性が不可欠である。しかし目標がいかに善きものだとしても、変革への楽観主義には不可避的に「意図せざる誤謬」という問題がつきまとう。それは私たち人間の理性、知識、現時点での情報が常に有限だからである（たとえばかつてフロンガスがそもそも有害物質であるとは考えられていなかったように）。したがって私たちが持続可能な社会をめざす場合、（めざすべき最終目標を常に意識した）「バックキャスティング」[38] の手法を採用する左翼と同時に、「緑の保守主義」の存在が不可欠なのである。緑の保守主義者とは、生態系の複雑さと人間の知識の有限性を謙虚に認めたうえで、生態系への人為的な介入については慎重を期すべきことを求める人々、すなわち「直し方がわからないものを壊す」ことにいち早く警鐘を鳴らすような「大人」のことである。

持続可能な社会（緑の福祉社会）への道は、「未来への責任」を共有する「左翼（プラス緑）」と「保守」の対話に発し、左右を越えた「新しい政治（ニュー・ポリティクス）」によって切り開かれていくだろう。

サッチャー（英国）にせよ、レーガン（米国）にせよ共通に抱えていた矛盾である。しかし私が疑っているのは、そもそも日本の保守政治家は、家族を（また郷土の自然を）真剣に守ろうとしているか、ということである。

＊34　アメリカにおいて（人体のあらゆる細胞に成長できる）「胚性幹細胞（ES細胞）」研究を推進しようとしているのがオバマ（民主党）政権、研究助成を原則的に禁止してきたのがキリスト教保守派に支えられたブッシュ（共和党）前政権である。

＊35　広井良典『生命の政治学―福祉国家・エコロジー・生命倫理』岩波書店、二〇〇三年、一八七頁。要するに従来の日本の「保守」政治家の大半は、多数の「利権・土建」保守と、少数の頭でっかちの（生身の国民への愛、守るべき故郷の山河への愛のない）観念保守（＝国家主義者）に

四　ポスト三・一一の社会を構想する

●「ほどよい明るさ」を求めて

現代社会において「科学技術は専門家だけに任せるには重要すぎる存在と化した」。この命題に疑いを抱く日本人は、今や一人もいないのではないだろうか。だとすれば、改めて議論を「開く」時がきた。「その影響が人類にとって致命的な災厄をもたらすことが判明する前に」であったのか否かを今は問うまい。

私は「原子力発電を可能にした」科学技術の進歩は肯定する（原子力発電が先人たちの「知識」の集積であることは認める）。さらに「（原子力の力も借りて）昼夜を問わず、場所を選ばず真昼の明るさを実現する能力を人類が勝ち得た」事実を誇らしくも思う。しかし、「やれるからやる」という（誠に子どもじみた）姿勢には共感しない。「技術的に可能である」ことを認めた後にこそ、人間の「知恵」（と人類の叡智）が試される。私たちは常に「ほどよい明るさ（暗さ）」を自覚的に選び直すことができる。その「ほどよい明るさ」を実現するために必要なエネルギーの調達方法を選択し直すこともできるし、その方法にふさわしい社会のあり方をデザインし直すこともできる。

自然エネルギーを中心に考えるならば、地域分散型の供給体制がふさわしい。

占められていたのだと断定してしまうのは早計であろうか。

＊36　ウェベール、H.（石川布美訳）『左翼ってなに?』現代企画室、二〇〇四年、六六頁。同出版社の「娘と話す」シリーズの一冊。このシリーズ（『国家のしくみってなに?』『メディアってなに?』他）は、どれも熟読に値するように思う。平易さと深さを両立させている希有な例。

＊37　イギリスのニコラス・スターン博士を中心としてまとめられた、「気候変動と経済の諸側面」を網羅的に分析したレポート。一般には「予防」対策の優位性を示したレポートとして世界的な注目を集めた（気候変動のもたらすリスクが毎年少なくとも世界のGDPの五％に達するのに対し、温室効果ガスの排出削減にかかるコストは約一％に抑えられることを示した）。

＊38　厳しい環境制約下での望ましい将来像（たとえば「二

「（地域の特性を活かして）地域でエネルギーを生み出す（すなわち仕事＝雇用を生み出す）」という発想は、「経済の（再）ローカル化」とも響きあい、地域コミュニティ、地域自治の再生を促すだろう。「スローフード、スローシティ」とも相性がよさそうだ。＊39 そうした地域おこしが、失われつつあった社会的な絆（社会関係資本）の再生につながるならば、住民の幸福感の増大が期待されるだけではなく、「危機に強い（防災に長けた）地域社会」も展望される。また中心市街地の多機能化と活性化（＝コンパクトシティ化）、自動車交通の抑制（歩行者空間の拡大）に成功するならば、それはすなわち（自然エネルギー・地産地消のスローフードの振興と合わせて）「環境都市（持続可能な地域社会）」への大きな一歩でもある。「地域循環的な経済（ヒト・モノ・カネが地域で循環する経済）」に近づくほど、「シャッター街の悪夢」からは遠ざかる（＝「グローバル化」への耐性が増す）ことになる。＊40

たとえば、そんな社会のデザインはどうだろうか。かつて明治政府から「白河以北、一山百文」とばかりに蔑まれた東北の地が、未曾有の大震災を経て、（「新しい豊かさ」を体現する）「懐かしい未来」の最先端に躍り出る。あながち夢物語ではあるまい。

そして私自身は、原子力発電に依存しない未来の社会を希求している。それは単に原子力発電が危険だからではない。「多重防護」と「重層下請け」の二重の鎧に守られ、沿岸部に集中的に立地するその姿が、技術のあり方として「美しく」

酸化炭素の七〇％削減と十分快適な生活の質を両立させた二〇五〇年の日本」）をまず描き、そこからさかのぼって、短期・中期の目標と方策を明らかにしていく能動的な計画手法のこと。対立概念は「フォアキャスティング」（現在の延長として将来を把握する受動的な計画手法）（西岡秀三編著『日本低炭素社会のシナリオ——二酸化炭素70％削減の道筋』日刊工業新聞社、二〇〇八年）。

＊39 「スローフード」の三つの基本原則は、「おいしい」・「きれい」・「正しい」。それぞれ「五感に訴える品質」・「環境的な持続可能性」・「（地域の）生産者の尊重（社会的な持続可能性）」と言い換えることができる。だから実は（スローシティはもちろんのこと）「スローフード」もまた、一種のソーシャルデザインの提案なのである。文献については後掲（＊42）を参照。

もなければ「正しく」もないからである。（電源のバックアップを含めて）必要とする鎧の厚さは、この技術の体系が本質的に脆弱で、およそ洗練さとは無縁であることを雄弁に物語る。しかもその不粋な鎧は、自然の脅威の前にあっさりと屈伏し、二年半を経てなお大地と海を汚し続けている（二〇一三年九月現在）。そして事故のリスクは明らかに不公平に分配される。電力の大消費地である都市部の人々よりも沿岸部の人々に厚く、本社の社員よりも末端の下請け、孫請けの作業員に厚い。また仮に長期にわたって大災害を免れたとしても、「核のゴミ」というリスクを遠い未来の世代にまで背負わせ続けることに変わりはない。

いずれにせよこれからは、原子力発電のゆくえを、一握りの「原子力村の村民」、村の利益を最優先にする「電力会社とメーカー、関連官庁と政治家、（研究資金を国と企業に依存する）大学の研究者」のインナーサークルに委ねておくことは許されない。「判断停止」の日々は終わりにしよう。（熟議）民主主義を通じた「科学技術のシビリアン・コントロール」体制の構築こそが急務である。

ドイツのメルケル首相（キリスト教民主・社会同盟）は、福島の事故を契機に、原子力擁護の姿勢を一変させた。「日本ほど技術水準が高い国においても、原子力のリスクをコントロールできない」という厳粛な事実に衝撃を受けたからである。ドイツは二〇二二年までに完全な脱原発を果たすことになった。

無論、領土を守ることも、大切な目標の一つである（領土保全を声高に訴える保

＊40　「人間の顔をした環境都市（福祉都市＋環境都市）」という広井氏の構想については、「より理解を深めるための文献」欄参照。以下の文献（広井氏のコミュニティ論を所収）も示唆に富む。神野直彦・高橋伸彰編著『脱成長の地域再生』NTT出版、二〇一〇年。

守政治家は日本にも多い)。しかしそこに生き、働き、愛し合う人あっての、豊かな自然と文化があっての守るべき領土ではないのか。自らの手でその守るべき「内なる国土、帰るべき故郷」を放棄して何とするのか。私は賢しらな、しかも往々にして誤ったコスト論と引き換えに、内なる国土を荒廃させる原発の危険性に目をつぶる「自称保守」には、保守の誠意を感じない。[*41] 日本の保守派もまた、その「保守」の誠を賭けて未来のエネルギー政策、環境政策をめぐる議論に真摯に参加すべきであろう。

おわりに――スローな自省から始めよう

私はメルケルの「転向」に、(守るべきものを守ろうとする)真っ当な保守政治家の信念と気概を感じる。ただしここで忘れてならないのが、彼女の政治的決断を促したドイツの政治力学である。それはポスト三・一一直後の州議会選挙における、「緑の党」の躍進(=与党の苦戦)という現実であった。民意の成熟と変容こそが彼女の背中を押したのだ。

本来民主主義の根幹にあるのは、「大事なことは自分・自分たちで決めたい」という私たちの「自己統治」の願いであり、「自分・自分たちが参加しない意思決定によって影響を受けるのは納得できない」という「自律」への希求である。

*41 数少ない「保守の脱原発」論として、西尾幹二『平和主義ではない「脱原発」』文藝春秋、二〇一一年、竹田恒泰『これが結論!日本人と原発』小学館新書、二〇一一年。とくに竹田氏は、皇統保守派でありながら(本人の論理では「あるがゆえに」)、学生時代から筋金入りの反原発論者という希有な例である。理由の第一は、「原発には愛がない(等しく天皇の赤子であるはずの労働者を犠牲にする)」から、第二は「国土を失わせる(汚染された土地は取り返せない)」から、第三は「原子力は神の領域を冒す」からである。技術的な代替案(ガスタービン・コンバインドサイクル発電の活用)が明示されている点もユニーク。

しかしその際に提出される私の意見は、（他者への配慮が問われる）熟慮と討議（＝熟議）の過程で変容し、成熟する可能性に常に開かれている。だからまず立ち止まり、深呼吸をして、ゆっくりと自問してみよう。私が本当に欲しているものは、また望むものは何であろうか？　この暮らし、社会は、あるいは日本は、世界は、私が本当に望んでいる姿をしているだろうか？　単に選択肢は他にないのだと思い込んでいるだけではないのか？　「新しい政治」を希求する旅は、常にスローな自省から始まる。

レイチェル・カーソンの静かな警告で始めた本章を、（志を共有する）情熱に満ちた宣言で締めたいと思う。世界のスローフード運動の起点となった「スローフード宣言」である。[42]同宣言は、自動車の発明に象徴される工業文明のなかで、私たち皆が「スピードに束縛され」、ファストフードを食することを強いる「ファストライフという共通のウイルスに感染している」ことを憂える。そのうえで「狂乱を効率と履き違えるやから」に対して、「感性の歓びと、ゆっくりいつまでも持続する楽しみを保証する適量のワクチン」を推奨する。しかし反撃は、議場から、また街頭のデモ隊から始まるのではない。以下宣言を再現しよう。

「我々の反撃は、スローフードな食卓から始めるべきでありましょう。ぜひ、郷土料理の風味と豊かさを再発見し、かつファストフードの没個性化を無効にしようではありませんか。生産性の名の下に、ファストフードは、我々の生き方を

＊42　スローフード運動については、以下の二冊を参照。私はこの二冊を読んで、「食卓が世界を変える」可能性を実感した。しかし、まずは素直に「食の喜び」を追求する本として味わってほしい。カルロ・ペトリーニ自身が述べているように、「環境に配慮することのない」単なる美食家は「愚か」であるが、「美」食家の感受性をもたない環境運動家は（食が文化であることを理解しない）「悲しい」存在だからである。島村菜津『スローフードな人生！―イタリアの食卓から始まる』新潮文庫、二〇〇三年。ペトリーニ、C.（石田雅芳訳）『スローフードの奇跡―おいしい、きれい、ただしい』三修社、二〇〇九年。

変え、環境と我々を取り巻く景色を脅かしているのです。ならば、スローフードこそは、今唯一の、そして真の前衛的回答なのです。」

やはり「ファストな社会における環境政治」は悪い冗談なのだ。社会の絆を結び直し、新しいコミュニティを模索するためにも、たっぷりと時間がかかる。一方で「ファストな社会における熟議」は悪夢であろう（皆で寝る間も惜しんで急いで「熟」議?・）。熟議民主主義（第二節）の何よりの栄養は、スローな時間であるのだから。だから「新しい政治」（もう一つの世界）を希求する筆者は、「スロー」という名のワクチンに期待する。

すべてのスイッチを切る（適度な快適さを放棄する）必要はない。個人としては「本当に必要なスイッチは何か」を再考し、社会としては「私たちはどんな社会に生きたいのか」、そして「どんな社会を引き継ぎたいのか」を真剣に問う。ポスト三・一一の世界においてこれほど適切で切実な問いかけを私は知らない。

【より理解を深めるための文献】

一度立ち止まり、深呼吸をして、ゆっくり考える。また友とゆっくり語り合う。そんな時に読んでほしい本を紹介する。また、どの本も「目から鱗」体験に満ちている。体験者の私が保証するのだから間違いない。

大橋照枝『「満足社会」をデザインする第3のモノサシ――「持続可能な日本」へのシナリオ』

ダイヤモンド社、二〇〇五年
　筆者が「GNP成長神話」の虚しさを実感、また納得したのは、本書との出会いがきっかけである。むしろ「そう簡単にスローライフ論（辻信一）や定常型社会論（広井良典）なんて信じないぞ！」という人に読んでもらいたい一冊。大橋さんが提唱するのは「静止型・心の満足型社会」。

島村菜津『スローシティ――世界の均質化と闘うイタリアの小さな町』光文社新書、二〇一三年。同『スローな未来へ――「小さな町づくり」が暮らしを変える』小学館、二〇〇九年
　今私に一番元気をくれるのが、島村さんのお仕事。地域おこしのヒントが満載。キーワードは、「ないものねだりから、あるもの探しへ」。生活空間の均質化に抗うことが、地域の活性化（地域経済の立て直し＋コミュニティの再生）につながり、それが「持続可能な未来」へと通じる。ここに確かな希望がある。

広井良典『人口減少社会という希望――コミュニティ経済の生成と地球倫理』朝日新聞出版、二〇一三年
　著者は、環境問題と福祉問題の同時解決を展望する「定常型社会（緑の福祉社会）論」の第一人者。人口減少社会（＝未来の日本）は、「私たちの対応によっては」、むしろ現在よりも大きな豊かさや幸福が実現される社会になる。嘘か誠か、ぜひご一読を。「ポスト成長」時代の科学（大学）論としても興味深い。

あとがき

私たちはこれまで、普通に暮らす市民にとっての活きた政治のイメージを提供しようと政治学のテキストを編集し、改訂を加えながら出版してきた。『実践の政治学』というタイトルで、最初に出版したのが二〇〇一年。ちょうど、小泉政権が誕生した時期にあたる。

一九八〇年代末から九〇年代にかけて、米ソ冷戦時代の終焉とも連動しながら、それまでの自民党一党優位の政治体制が終焉を迎え、日本政治も新たな時代に突入しつつある。誰もがそのような予想をもち、様々な政治的な方向性や可能性について議論が展開されていた時期でもあった。そうしたなか、私たちは、政治の変化の方向性がどのようなものであれ、まずは、私たち市民が政治という世界とかかわりをもち、そこから政治の世界を作り直していくことが重要ではないかと考えた。選挙、政党政治、ジェンダー、国際政治等々、政治の世界を理解するうえで重要な問題やイシューを取り上げながらも、それらが市民にとってどのような意味をもち、また、市民はそうした問題やイシューにどのように向き合えばよいのか、という視点を交えたものを読者の方々に提供する。これが私たち編者の一貫した問題関心である。

最初の出版からちょうど一〇年後の二〇一一年三月一一日、東日本大震災とそれに続く福島原発事故が起こった。戦後日本のあり方を根底から問い直すほどの大きな出来事であり、それはまた、社会科学も含めた日本の学問全体のあり方を問い直すものでもあった。「実践の政治学」のなかでの私たちの問題関心を、三・一一以後、つまり「ポスト・フクシマ」という時代認識を踏まえて展開するならばどのようなものになるのだろうか。また、「フクシマ」を経験した私たちは、そうした時代認識と関連させたかたちで、市民にとっての政治の問題を捉え直す必要があるのではないか。なぜならば、三・一一の問題は、普通に暮らす市民も含めた戦後政治が生み出した出来事でもあり、また、「フクシマ」以後の政治のあり方を規定するのは、私たち普通に暮らす市民のありように左右されるものでもあるのだから。

こうした問題関心を編者同士で語り合いながら、幾つかの内容と執筆者の変更を行い、本書を出版することにした。『実践の政治学』の続編という性格を有すると同時に、「フクシマ」後を生きる私たちにとっての政治の意味を問うという新たな問題意識を加えたものである。

現実の政治の世界では、民主党政権の失敗とその後の安倍自民党政権の成立により、原発依存社会への回帰、沖縄普天間基地の辺野古移転、領土問題や靖国参拝問題をめぐる日中韓の緊張の高まり、そして憲法改正につながる急ピッチとも思える動き等、かつての自民党政権でもなしえなかった新自由主義的かつ国家主義的な政治が進められつつある。しかし、自民党の支持が盤石であるわけではない。現実政治の流れを悲観的に眺めるのではなく、私たち市民社会のメンバー一人ひとりが、どのような生活をめざし、どのような市民社会を創っていくのか。そうした視点から政治の流れを創っていくことが問われているのだと思う。

今回もまた、法律文化社の田靡純子氏に大変お世話になった。二人三脚ならぬ三人四脚での作業ができたのも、普通に暮らす市民にとっての『実践の政治学』に対するこだわりと愛情を共有していたからなのかもしれない。とは言え、社長業という激務を縫いながら、私たちの今回の試みにエネルギーを割いていただいた田靡氏には、頭が下がる思いである。また、長い間『実践の政治学』を読んでいただいた読者の方々にも感謝申し上げたい。

二〇一四年二月

編著者　平井一臣

は　行

ま　行

や　行

ら　行

わ　行

た　行

な　行

さ　行

索　引

法律文化社ベーシック・ブックス〔HBB⁺〕

ポスト・フクシマの政治学
──新しい実践の政治学をめざして

2014年5月10日　初版第1刷発行

編著者　畑《はた》山《やま》敏《とし》夫《お》・平《ひら》井《い》一《かず》臣《おみ》

発行者　田　靡　純　子

発行所　株式会社　法律文化社

〒603-8053
京都市北区上賀茂岩ヶ垣内町71
電話 075(791)7131　FAX 075(721)8400
http://www.hou-bun.com/

＊乱丁など不良本がありましたら、ご連絡ください。
お取り替えいたします。

印刷：西濃印刷㈱／製本：㈱藤沢製本
装幀：平井秀文

ISBN 978-4-589-03594-3